이야기가 있는 세계 지도

"Sekai-Chizu ga Yoku Wakaru Hon" by Yoichi Ogino

Copyright ⓒ1999 by Tokyo Shoseki Co., Ltd.

Korean language translation rights arranged with Tokyo Shoseki Co., Ltd., Tokyo.
All rights reserved.

이야기가 있는 세계 지도

초판 발행 : 2004년 9월 25일
2판 7쇄 발행 : 2014년 6월 13일

지은이 : 오기노 요이치
옮긴이 : 김경화
감수자 : 송호열
펴낸이 : 김선기
펴낸곳 : (주)푸른길
등록 : 1996년 4월 12일 제16-1292호
주소 : (152-847) 서울시 구로구 디지털로 33길 48 대륭포스트타워 7차 1008호
전화 : 02)523-2907, 6942-9570~2
팩스 : 02)523-2951
홈페이지 : www.purungil.co.kr
블로그 : http://blog.naver.com/purungilbook
이메일 : purungilbook@naver.com

값 : 10,000원

ISBN : 978-89-87691-49-7 03990

| 서울시교육청 중고교 사회과 추천도서 |

의미 있는 여행을 위한 지도 읽기

이야기가 있는 세계 지도

오기노 요이치 지음
김경화 옮김 · 송호열 감수

푸른길

책 머리에

사람이 일생 동안에 보고 느낄 수 있는 세계는 대체 얼마나 될까?
이런 생각을 했을 때 자기가 알고 있는 세계의 수에 뭔가 많이 모자란다는 생각이 드는 사람이 적지 않을 것이다.
예를 들어 이집트나 메소포타미아, 중국, 인더스가 세계 문명의 발상지라는 것이나 불교가 인도에서 일본으로 전해졌다는 것을 우리는 알고 있다. 그러나 그것이 실제로 어떤 것인지를 직접 피부로 느끼는 것은 간단한 일이 아니다. 그런데 그런 일을 실감할 수 있는 방법이 있다.
먼저 현지에 가서 직접 눈으로 볼 것. 또 하나는 이 책을 읽을 것. 이 책을 읽고 조금이라도 세계의 다양성과 경이로움을 알게 된다면 더 이상 바랄 게 없다.

오기노 요이치

차례

제1장 지형의 비밀을 알면 지도가 보인다 8

인도양 최후의 낙원, 물 속으로 사라질 운명에 처하다!? / 뭍에서 멀리 떨어져 있어 지구상에서 가장 외로운 섬은? / 남아메리카의 갈라파고스 제도에 희귀한 동물들이 살고 있는 까닭은? / 도버 해협의 '하얀 절벽'은 살아 있는 생물이 만든 것이다!? / 고산 지대에 사는 인디오들은 왜 고산병에 걸리지 않을까? / 사막을 흐르는 '환상의 강' 와디라 무엇인가? / 태평양까지 날아가는 중국 대륙의 모래 '황사' / 힘이 지나쳐서 스스로 제 몸을 깎아 내리는 나이아가라 폭포 / 내륙 국가 볼리비아에 해군이 있는 이유는? / 지구상에서 가장 천국과 가까운 철도가 달리는 산 / 매년 1cm씩 국토가 넓어지는 이상한 나라!? / 아프리카에 가까워도 아프리카 색에 물들지 않은 섬 / 세계에서 가장 먼저 21세기를 맞이한 나라는 어디에 있는가? / 빙하에서 사막까지 다 만날 수 있는 '자연의 보고' 칠레

【칼럼 세계 지도의 뒷모습 1】 알려지지 않은 세계의 이색 장소 34

제2장 잘 알려진 곳에 숨겨진 수수께끼 36

'생물이 살지 않는 바다' 사해가 피부 미용으로 각광받는 이유 / '이집트는 나일 강의 선물'이라는 말은 정말 사실일까? / '히말라야 산기슭의 비경' 티베트는 본래 누구의 땅인가? / '서핑' 하면 생각나는 하와이의 큰 파도는 어디에서 오는 것일까? / 도시 전체가 거대한 미로!? 한번 들어가면 빠져나올 수 없는 카스바의 비밀 / 두 개의 여권을 소지하고 사는 남태평양의 섬주민 / 새우나 게를 먹는 것만으로도 체포되는 나라가 있다!? / '세계 최대의 산호초' 그레이트배리어리프의 놀랄 만한 사실!? / 맨해튼을 '뉴욕의 마천루'라고 부르는 까닭은? / 세계에서 가장 치안이 완벽한 모나코의 속사정 / 세계에서 유일한 해상 도시 베네치아는 이렇게 해서 생겨났다!! / 패스트푸드 점이 해외에서 고생을 면치 못하는 이유

【칼럼 세계 지도의 뒷모습 2】 세계의 생활 습관, 이것이 다르다! 58

【지도 자세히 읽기 ①】 세계 지도를 둘러싼 소박한 의문 60

제3장 신비로운 지구의 메커니즘 68

사막에 우뚝 솟은 에어스록은 산으로 둘러싸여 있었다!? / 사람도 한 입에 삼키는 세계에서 가장 큰 도마뱀 / 고갈된다면서도 계속 나오고 있는 세계의 석유는 정말로 고갈될까? / 70℃는 대체 어느 정도의 더위일까? / '상하의 섬' 하와이를 자동차로 갈 수 있는 날이 온다!? / 툰드라와 타이가는 도대체 어떤 곳? / 가까이 있으

면서도 호수면의 색이 각기 다른 수수께끼의 삼색호 / 갈색의 야트막한 언덕이 1,000여 개나 이어진 작은 섬은? / 보름달이 뜨면 바다로부터 대역류가 일어나는 강 / 아프리카 대륙이 다이아몬드의 보고라고 불리는 이유 / 자연 발생한 산불을 '방치'하는 미국과 오스트레일리아 / 사하라 사막이 점점 확대되고 있다!? / 바다 생물인 바다표범이 담수호인 바이칼 호에 사는 까닭 / 회귀선을 따라 사막이 이루어진 데에는 그만한 까닭이 있다!?

【칼럼 세계 지도의 뒷모습 3】 태곳적 지구를 찾는다!! *94*
【지도 자세히 읽기 ②】 알려지지 않은 지명의 뒷이야기 *96*

제4장 여행을 제대로 즐기기 위해 알아야 할 진실 *104*

세계 최고봉인 K2나 에베레스트보다도 높은 산이 있다!? / 희망봉은 아프리카 최남단의 곳이 아니다!? / 자유의 여신상이 서 있는 곳은 뉴욕이 아니었다!? / 세계에서 가장 긴 하천을 정하는 것도 꽤 힘들다? / 출가 경험자가 아니면 성인 남자로 대접받지 못하는 나라 / 광활한 중국에서 동서 간의 시차는 도대체 어느 정도일까? / '유럽 최후의 식민지' 지브롤터에 원숭이가 많은 이유 / 캐나다 제1의 주 퀘벡은 실은 독립 국가였다!? / 뉴질랜드는 양의 숫자가 인구의 14배나 된다! / 전 세계에 무려 1억 개 이상의 지뢰가 묻혀 있다!? / 인도에는 '고맙습니다'라는 뜻의 말이 없다!? / '스위스 은행'이라는 은행은 존재하지 않는다!? / 작은 섬 키프로스에 두 개의 국가가 존재하는 이유? / 터키는 유럽일까, 아니면 아시아일까?

【칼럼 세계 지도의 뒷모습 4】 즐거운 여행을 위해 필요한 지혜 *130*

제5장 뉴스를 듣는 데 도움이 되는 세계 지도 *132*

예루살렘은 왜 세 종교의 성지가 되었는가? / 발트 3국이 유럽 열강의 목표가 된 지리적 사정 / 하와이 노래 '알로하오에'에 숨겨진 슬픈 이야기 / 영세 중립국이 군대를 왜 가지고 있나? / 미국과 쿠바는 언제부터 사이가 나빠졌나? / UN은 왜 '연합국'이 아니라 '국제 연합'인가? / 벨기에의 언어 분쟁은 그 뿌리가 깊다!! / 이탈리아가 5개의 나라로 나뉘는 날이 올지도 모른다? / 같은 민족이면서도 몇 번이나 '이혼'을 반복하는 체코와 슬로바키아 / 탄자니아와 케냐의 국경선도 바꾼 '여왕의 한 마디'

【칼럼 세계 지도의 뒷모습 5】 학교에서 가르쳐 주지 않는 각국의 사정 *152*
【지도 자세히 읽기 ③】 각국의 지도를 살펴보는 '세계의 지도'로의 초대 *154*

몰디브에서는 가장 높은 곳이 겨우 해발 24m에 불과하다

제1장
지형의 비밀을 알면 지도가 보인다

세계는 일생 동안 돌아다녀도 다 볼 수 없을 만큼 넓다.
하지만 좀더 많은 세상을 보고 싶어하는 인간의 호기심도 끝이 없다.
세계 지도는 이런 호기심을 충족시켜 준다.

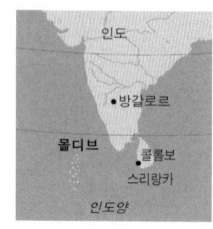

인도양 최후의 낙원, 물 속으로 사라질 운명에 처하다!?

　세계 지도를 들여다보는 것만으로는 그 크기를 가늠하기 어려운 나라 가운데 하나가 몰디브 공화국이다. 몰디브는 인도양에 흩어져 있는 크고 작은 1,000여 개 이상의 섬들로 이루어진 나라이다. 이 조그만 섬들은 지도상에 여러 점들로 나타나는데, 이들의 면적을 모두 합한 이 나라의 크기는 어느 정도일까?

　정답은 총 298km²로 강화도(302km²)보다도 작다고 하니 얼마나 작은지 가늠할 수 있을 것이다. 수도가 있는 말레 섬이 그 중 가장 큰 면적을 자랑하지만 그 곳도 겨우 2.5km²밖에 안 된다고 한다.

　그러나 비록 지도상에서는 보잘것없어도 몰디브는 세계 각국의 관광객들에게는 관심의 대상이 되고 있다. 아름다운 산호초와 끝없이 펼쳐진 파란 하늘과 바다로 둘러싸인, 인도양에 떠 있는 마지막 낙원으로 일컬어지는 곳이다. 그래서 한가로이 해변 리조트를 즐기려는 세계인들의 발길이 끊임없이 몰디브로 향하고 있다.

　그런데 이러한 지상 낙원이 지구상에서 사라져버릴 거라고 한다. 현재 문제가 되고 있는 지구 온난화 때문이라고 하니 정말 심각한 일이 아닐 수 없다.

　몰디브는 대부분 해발 2.5m 정도의 평탄한 작은 섬들로 이루어져 있다. 그런데 지구 온난화로 해수면이 상승하면서 이러한 섬들이 바닷물에 잠길 위기에 처한 것이다. 어떤 전문가는 21세기 초에 물 속에 잠길 것이라고 경고하기도 했다.

　몰디브라는 이름이 '나지막한 섬' 이라는 뜻에서 유래되었다고 하는 것도 쉽게 수긍이 갈 것이다.

뭍에서 멀리 떨어져 있어 지구상에서 가장 외로운 섬은?

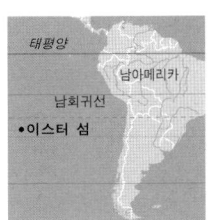

이름은 널리 알려져 있지만 정확한 위치를 세계 지도에서 찾아보라고 하면 당황하게 되는 국가나 섬들이 있다. 현재 칠레에 속해 있는 이스터 섬이 그 대표적인 예이다.

이스터 섬은 최대 높이 12m, 무게 82톤이나 되는 수수께끼의 모아이 상들이 현재도 세계 여러 나라 사람들로부터 신비한 존재로 주목받고 있는 유명한 섬이다.

독특한 표정을 한 석상들이 마치 방문자를 감시라도 하는 듯 섬 안쪽에서 바다를 향해 줄지어 서 있는 모양은 그야말로 장관이다. 현재 640개 정도의 석상이 남아 있는데 원래는 약 1,000개쯤 있었다는 이야기가 있다.

그런데 과연 누가 무엇을 위해 이 석상들을 세웠단 말인가? 아직까지 그 수수께끼는 정확히 밝혀져 있지 않다. 이 석상들 중에는 8세기경의 것도 있는데, 그 시대에는 이런 크기의 돌을 운반해 설치할 수단이 없었기 때문에 외계인들이 세운 것이라는 의견도 있다.

한편 지도상에서 이스터 섬은 그야말로 미미한 존재이다. 남아메리카의 칠레에서 서쪽으로 약 3,700km 떨어진 부근을 찾아보자. 그 곳에 덩그러니 하나의 점이 찍혀 있는데 바로 이스터 섬이다. 면적은 겨우 122km²이고 주위에는 섬 하나 없다. 그야말로 '절해(絶海)의 고도(孤島)'인 것이다.

마치 다른 세상과 격리되어 있는 것 같지만, 그래도 이 곳에는 약 2,000명의 주민이 살고 있다. 식물이 자라기 어려운 화산섬이라 사람이 살기에도 적합하지 않은 환경이지만, 주민들은 양을 키우거나 타로, 토란 등을 재배하며 살아간다.

지금도 이 기이한 석상을 보려는 관광객들의 발길이 끊이지 않는다.

모아이 상은 독자적 문화를 형성했던 이스터 섬의 상징이다.

아후 나우나우에는 모자를 쓴 모아이 상이 줄지어 서 있다. 아후는 돌로 쌓은 대좌를 가리키는 말이다.

절해의 고도라는 말이 잘 어울리는 이스터 섬의 해안

남아메리카의 갈라파고스 제도에 희귀한 동물들이 살고 있는 까닭은?

　남아메리카의 에콰도르에서 약 1,000km 떨어진 태평양상에서 정확히 적도 바로 아래쪽을 주의 깊게 살펴보자. 그 곳에 있는 섬들이 세계에서도 희귀한 동물들이 사는 곳으로 유명한 갈라파고스 제도이다.

　생물학자 찰스 다윈이 1835년에 이 섬을 직접 방문하여 독특한 섬의 생태계를 관찰하고, 그 성과를 정리한 '종의 기원'을 발표함으로써 세계 과학자들 사이의 진화에 관한 논쟁에 불을 당겼음은 역사 교과서에서도 나오는 사실이다.

　갈라파고스 제도란 실은 정식 명칭이 아니다. 공식적으로는 에콰도르령 콜론 제도로서 에콰도르의 여러 주들 가운데 하나이다. 그러면 왜 '갈라파고스'라는 이름으로 널리 알려지게 된 것일까? 그것은 이 섬의 생태계와 무관하지 않다.

　갈라파고스란 에스파냐 어로 '거북'을 뜻한다. 이 섬에만 서식하는 바다이구아나(바다도마뱀) 등과 함께 다른 곳에서는 볼 수 없는 14종의 코끼리거북들이 많이 살고 있었기 때문에 이러한 이름이 붙여진 것이다.

　그런데 갈라파고스 제도에는 다른 곳에서는 볼 수 없는 이 같은 희귀 생물들이 많이 서식한다. 어떻게 이런 특이하고 독자적인 생태계가 유지될 수 있었던 것일까?

　그 원인의 하나는 이 곳이 남아메리카 대륙에서 1,000km나 떨어진 곳이라는 데 있다. 즉 육지에서 너무 멀리 떨어져 있어 육상 동물들의 이동이 거의 불가능했기 때문에 다른 지역과는 구분되는 생태계가 형성된 것이다. 또한 다윈이 주장했던 것처럼, 동물들이 이 곳 환경에 적응하기 위해 독특하게 진화를 한 것도 한 요인이라고 할 수 있다.

도버 해협의 '하얀 절벽'은 살아 있는 생물이 만든 것이다!?

도버 해협은 세계 지도에 표기된 수많은 해협들 가운데서도 누구나 그 이름을 기억하는 해협 가운데 하나이다. 해협의 폭은 30~40km이며 수심은 35~55m이다.

영국과 프랑스 사이에 놓인 이 해협을 무대로 16세기에는 영국과 에스파냐 무적 함대의 해전이 있었고, 제2차 세계 대전도 벌어졌다.

전쟁이 끝나고부터는 해협을 헤엄쳐 건너려는 모험가들 때문에 화제가 되었던 곳이다. 최근에는 파리와 런던 사이를 3시간 만에 연결하는 환상의 특급 열차 '유로스타'의 개통을 위해 해저 터널이 뚫린 곳으로도 알려져 있다.

그런데 또 하나, 도버 해협을 유명하게 만드는 것이 있다. 해협에 맞닿은 해안 절벽이 하얗게 물들어 보이는 것이다. 흔히 사람들은 이것을 '도버의 하얀 절벽'이라고 부른다.

이 하얀색은 해수의 염분이 절벽의 암석 표면에 붙어 형성된 것이 아닐까라고 생각하기 쉽지만, 사실은 그렇지 않다. 하얀 절벽의 정체는 바로 초크이다. 학교에서 칠판에 글씨를 쓸 때 사용하는 분필의 성분인 것이다.

물론 누군가 버린 초크가 쌓이고 쌓여 이런 절벽이 만들어진 것은 아니다. 이 초크의 성분은 유공충이라는 바다 생물의 화석이다.

유공충은 지금도 해저에 무수히 서식하고 있는 육질충류로서 껍데기가 탄산칼슘으로 되어 있다. 오랜 옛날부터 죽은 유공충들의 껍데기가 바닷속에 그대로 퇴적되어 오다가, 지층이 융기되면서 도버 해협의 하얀 절벽으로 등장한 것이다. 참고로, 요즘에는 석고를 불에 구워 물에 갠 다음 굳혀서 초크를 만든다고 한다.

주로 해조류를 먹이로 하는 바다이구아나(뒤로 보이는 것은 이사벨라 섬)

북반구계의 선조를 가진 갈라파고스강치

물 속에 들어가 물고기를 잡아먹는 가다랭이새

영국의 동남쪽에 위치한 도버 해협의 하얀 절벽

부채 모양의 잎을 지닌 부채선인장의 일종

날개가 작아서 작은날개 가마우지라는 이름을 가졌다.

고산 지대에 사는 인디오들은 왜 고산병에 걸리지 않을까?

　남아메리카 대륙 서쪽에는 남북으로 약 7,000km를 내달리는 안데스 산맥이 있다. 해발 4,000~7,000m급의 고지가 연속되어 인간이 살기에 적합하지 않은 곳이 많다. 희박한 산소, 급격한 기온 변화, 심한 추위, 직사광선에 포함된 유해한 자외선 등 고산 지대 특유의 가혹한 기상 조건을 견뎌내야만 하기 때문이다.

　하지만 인류의 역사란 불가사의한 것이다. 비록 소수라고는 해도 지금도 인디오들이 이 안데스의 고산 지대에서 생활하고 있으며, 더구나 이들은 한때 영화를 누렸던 잉카 제국처럼 화려한 문명을 꽃피운 적도 있으니 말이다.

　고대사에 흥미가 있는 사람들은 잉카 제국의 발자취를 더듬어 안데스 산맥을 찾곤 한다. 그런데 이런 이방인들이 안데스의 고지에서 걸리기 쉬운 병이 바로 고산병이다. 고산병은 고도가 상승함에 따라 기압이 낮아지고 산소가 부족해져 발생하는 병으로, 호흡이 곤란해지고 심한 탈수 현상이 일어나게 된다.

　그렇다면 여기서 소박한 의문이 하나 남는다. 매일 이 고지대에서 살아가는 인디오들은 어째서 고산병에 걸리지 않는 것일까 하고 말이다.

　인디오들은 보통 사람들보다 적혈구 수가 많으며, 혈액 속에 있는 산소와 결합하여 몸의 각 기관에 산소를 전달하는 역할을 하는 헤모글로빈의 수도 많다. 따라서 산소가 부족한 곳에서도 몸이 잘 견딜 수 있도록 고산 지대에 완전히 적응한 것이다. 하지만 이런 인디오들도 일단 평지에 내려왔다가 다시 고지대로 돌아가게 되면 '고소폐수종'에 시달린다고 하니, 그들에게도 역시 가혹한 조건임에는 틀림없는 것 같다.

사막을 흐르는 '환상의 강' 와디란 무엇인가?

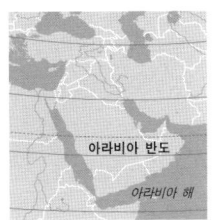

아라비아 반도라고 하면 어느 누구나 잘 알고 있는 사막 지대이다. 연강수량은 100mm 미만인 데 비해 연간 증발량은 최대 1,000mm 이상이므로, 당연히 대지는 바짝 메마를 수밖에 없는 곳이다.

그런데 지도를 자세히 들여다보면, 이런 곳에도 하천을 나타내는 파란색 선이 그려져 있는 곳이 있다. 그래서 지도만 믿고 기대감을 안고 찾아가 보지만 강물은 전혀 볼 수가 없다. 왜냐하면 이것은 '와디(wadi)'라고 불리는 환상의 강이기 때문이다.

와디는 아라비아 어로 강, 계곡, 강바닥 등을 의미하는데 평상시에는 물이 흐르지 않는 강, 이른바 '건조 하천'이다. 어느 날 갑자기 쏟아진 엄청난 양의 비가 토사와 함께 일시적으로 흘러 가면서 만들어 놓은 골짜기이다. 하루에 연 평균 강수량과 맞먹는 양의 비를 몽땅 쏟아붓는 것은 사막 지대의 강수 특징 중 하나이다.

물이 잘 빠지는 바닥의 모래나 수분을 증발시키는 태양 광선도 이런 집중 호우를 당해 내지는 못한다. 순식간에 수로가 생기고 일시적으로 하천이 만들어진다. 이것이 바로 환상의 강 와디의 정체이다. 아라비아 반도에서는 4년치의 비가 며칠 동안에 내려 와디가 생기는 경우가 있는가 하면, 4년 연속 비가 내리지 않는 경우도 적지 않다.

와디를 흐르던 물은 1~2일 만에 전부 말라 버리고 그 곳은 다시 사막으로 돌아간다. 이렇다 보니 와디를 이용해서 생활 용수를 얻거나 농사를 짓는 일은 불가능하다. 그래서 아라비아 반도에서는 지하수를 끌어올려 사용한다. 와디를 형성하는 집중 호우는 주민들에게 순간적인 기쁨을 가져다 줄 뿐이다.

태평양까지 날아가는 중국 대륙의 모래 '황사'

지도로는 느낄 수 없는 자연의 경이로움들 중에 해류와 기류가 있다. 아무리 화살표를 그려 가며 바람과 조류의 흐름에 대해 설명을 하더라도 실제로 그런 흐름이 지구상에 존재한다고 상상하기란 쉽지 않다. 그러나 우리는 의외로 가까운 곳에서 그런 흐름의 증거를 확인할 수 있다. 초봄이 되면 자주 우리를 찾아오는 '황사'가 그것이다.

황사 현상은 중국 사막 지대의 모래(미세 모래. 먼지라고도 볼 수 있음)가 한국과 일본으로 날아 오는 현상이다. 봄철 한반도와 일본 서부 각지에서는 비가 온 뒤에 누런 먼지 같은 것이 차의 앞유리 등에 붙어 있는 것을 볼 수 있는데, 이 모래의 이동 경로를 추적해 보면 중국의 사막 지대로부터 날아 온 것임이 드러난다.

중국에서부터 바다를 건너 모래가 날아 오는 것인데, 이런 거짓말 같은 현상을 가능하게 하는 것이 바로 중국 서부에서 시작되어 한반도와 일본의 상공을 지나가는 제트 기류이다.

제트 기류는 편서풍의 일종이지만, 특히 강한 흐름이 좁은 영역에 집중됨으로써 작은 구멍을 통해 분출하는 유체의 흐름과 같다고 하여 제트 기류라는 이름을 얻었다. 중국의 평원으로부터 한반도나 일본에 모래를 실어 나른다는 것만으로도 이 기류가 엄청난 힘을 지녔음을 알 수 있다.

일본 상공에 제트 기류가 존재한다는 사실은 제2차 세계 대전에 참가했던 미일 양국의 조종사들도 알았다. 미군 조종사는 필리핀에서 일본을 목표로 날아갈 때 이 기류를 이용했으며, 일본군도 이를 이용해 미국 본토에 풍선 폭탄을 떨어뜨릴 계획을 세우고 6,000발을 상공에 띄워 보냈다. 그 중 400발은 정말 미국까지 도달했다고 하니 놀라운 일이다.

황사의 근원지로 알려진
중국 산시 성(山西省)의 황토 지대

안데스 산맥에 있는 에콰도르의 도시 쿠엔카에서
열리는 시장의 모습

보통 때에는 평온한 와디(건조 하천)이지만, 한번 비가 내리기 시작하면 그 모습이 순식간에 공포스러운 존재로 돌변하고 만다.

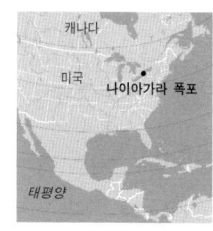

힘이 지나쳐서 스스로 제 몸을 깎아 내리는 나이아가라 폭포

　미국과 캐나다의 국경 지대에 있는 나이아가라 폭포는 아마도 세계에서 가장 크고 유명한 폭포 중 하나일 것이다. 강의 중간에 '고트'라는 하중도가 있어서, 오대호의 이리 호에서 온타리오 호로 흐르는 강물은 여기에서 두 줄기로 나뉘어 떨어진다. 섬 북쪽으로 떨어지는 미국 폭포(높이 51m, 폭 300m)와 남쪽에서 서쪽으로 떨어지는 캐나다 폭포(높이 48m, 폭 900m)로 갈라져 깎아지른 듯한 절벽을 낙하하고 있다.

　그 중 전체 수량의 90% 이상이 떨어지는 캐나다 폭포는 박력이 넘치는데, 낙하 지점 바로 근처까지 가는 투어를 비롯해 공중 케이블카, 헬리콥터 등 여러 가지 방법으로 구경할 수 있다.

　그런데 대자연이 만들어 낸 선물이라고 할 수 있는 이 나이아가라 폭포가 언젠가는 절벽이 없어져 위쪽의 이리 호와 하나가 될 운명이라고 한다. 그것도 관광객들로 인해 자연이 황폐해진 때문이 아니라, 나이아가라 폭포에서 떨어지는 물의 힘이 폭포를 사라지게 하는 원인이라고 한다.

　절벽 아래로 세차게 떨어져 내리는 물이 절벽 하부에 있는 암석을 파내면, 안타깝게도 상층보다 약한 암석으로 되어 있는 절벽 하층이 후벼파듯 침식되면서 상부가 차양처럼 남아 있는 구조가 되고 만다. 마침내 상하의 균형이 깨지면 상부의 절벽이 무너져 내리고, 그 결과 절벽은 점점 이리 호 쪽으로 올라가는 것이다.

　이미 현재의 폭포 위치도 과거에 비하면 이리 호 쪽으로 11km나 후퇴해 있는 상태이다. 마치 폭포가 스스로 자기 목을 조이고 있는 상황이다. 다행히 이리 호에 도달하기까지 앞으로 약 2만 5천 년 정도가 걸릴 것이라고 하니, 당분간은 장쾌한 폭포의 모습을 즐길 수 있을 것 같다.

내륙 국가 볼리비아에 해군이 있는 이유는?

남아메리카의 내륙에 위치한 볼리비아 공화국은 이상한 나라이다. 브라질, 페루, 칠레, 아르헨티나, 파라과이 등의 5개국에 의해 둘러싸인 내륙 국가임에도 불구하고 옛날부터 해군을 보유하고 있기 때문이다.

아무리 세계 지도를 찾아보아도 볼리비아에서 바다와 연결되어 있는 곳은 확인할 수 없다. 오히려 인구의 절반 이상이 고지 특유의 건조한 바람이 휘몰아치는 해발 3,500m 부근에 모여 살고 있다.

그럼에도 불구하고 볼리비아에서는 징병 제도를 통해 육군, 공군 그리고 해군까지 합해 18,000명 정도의 상비군을 갖춘 국가 안보 체제가 오래 전부터 이어져 왔다.

어째서 내륙 국가이면서도 상비군인 해군이 있는 것일까? 그 원인은 지금으로부터 100년도 더 된 1879년까지 거슬러 올라간다.

당시 볼리비아는 바다와 접해 있는 아타카마 사막을 자국의 영토로 보유하고 있었다. 그러나 자원이 풍부한 아타카마 사막에 눈독을 들인 인접 국가 칠레가 볼리비아를 침략함으로써 태평양 전쟁(칠레와 볼리비아 간의 전쟁)이 펼쳐졌다. 1883년까지 계속된 이 전쟁에서 칠레가 승리를 거두었고, 결국 볼리비아는 내륙국이 되고 말았다.

그래서 아타카마 사막을 되찾고 싶은 마음에서일까? 이유는 확실하지 않지만, 볼리비아는 당시의 해군을 그대로 유지시켜 지금에 이르고 있다고 한다.

현재 볼리비아의 해군은 티티카카 호와 하천을 관할하고 있다. 그런데 '해전이라도 일어나면 어떻게 전함을 바다로 옮기지?' 하는 걱정이 드는 것은 지나친 노파심일까?

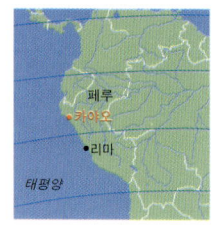

지구상에서 가장 천국과 가까운 철도가 달리는 산

　진정한 철도 마니아들은 지도에 그려진 철로를 보기만 해도 자기가 마치 그 기차를 타고 창 밖에 펼쳐진 경치를 보고 있는 것처럼 흥분한다고 한다. 이런 마니아들이 한 번쯤 꼭 타 보고 싶어하는 철도 노선들 중 하나가 안데스 철도이다.

　안데스 철도는 페루의 카야오 항구를 출발해 안데스 산맥의 깊숙한 곳 우왕카요까지 이어지는 전체 길이 175km의 노선으로, 무엇보다 세계에서 가장 높은 곳을 달리는 철도라는 점이 매력이다. 창 밖으로 펼쳐지는 풍경도 아름답지만, 구름 위까지 철도를 타고 오르는 쾌감은 다른 철도에서는 절대로 얻을 수 없는 감흥이다.

　철도의 출발지인 카야오는 해발 0m이다. 그러던 것이 가장 높이 올라갔을 때에는 해발 4,829m에 달한다. 이 높이는 유럽의 최고봉인 몽블랑보다도 높으므로 얼마나 높이 올라가는지 알 수 있다.

　원래 이 철도는 19세기가 끝날 무렵에 고지대에서 채굴된 광산 자원을 태평양에 면한 카야오 항까지 운반할 목적으로 건설한 것이다. 그러나 지금은 지구상에서 천국과 가장 가까운 곳을 달리는 철도라고 하여 관광객들에게 인기를 얻게 되었고, 호화로운 식당칸이 딸린 열차까지 운행되기에 이르렀다.

　그렇다고 해도 안데스 철도의 식당칸에는 함부로 타지 않는 편이 좋다. 왜냐하면 고산병에 걸릴 위험이 있기 때문인데, 특히 술을 많이 마시게 되면 몸에 심각한 이상이 올 수도 있다. 기차 안에 고산병에 대비한 약이 준비되어 있기는 하지만, 수분을 충분히 섭취하는 것만큼 좋은 대책은 없다고 한다.

웅대한 자연 경관을 마주하며
안데스 열차는 끝없이 선로 위를 달린다.

정부 기관이 들어서 있는
볼리비아 제2의 도시 라파스

1300년대에 나이아가라 폭포는 고트 섬에 가로막혀 두 갈래로 나뉘어졌다.

매년 1cm씩 국토가 넓어지는 이상한 나라!?

세계 지도를 펼쳐서 보면 북위 63° 24′에서 66° 32′ 사이의 극한 지대에 위치한 나라 하나가 눈에 들어온다. 바로 아이슬란드이다.

이름에서부터 추운 느낌이 드는 나라이지만, 사실 수도 레이캬비크가 세계에서 가장 북쪽에 위치한 수도임에도 불구하고 1월 평균 기온이 1℃, 7월에는 11℃일 정도로 생각만큼 극한 지대는 아니다. 이유는 바로 아이슬란드 주변 해역에 따뜻한 멕시코 만류가 흐르고 있기 때문이다.

아이슬란드의 국토 면적(10만 km²)은 한반도의 절반 정도인데 그 가운데 8분의 1이 빙하로 덮여 있으며, 특히 넓이가 8,000km²를 넘는 남동부의 바트나 빙하는 유명하다. 그리고 이러한 빙하의 영향으로 주변에는 황량한 풍광이 펼쳐진다. 바로 이러한 것들이 아이슬란드라는 이름과 더불어 북국(北國)의 이미지를 증폭시키는 요인이 되고 있다.

한편 아이슬란드는 화산이 많은 나라로도 알려져 있다. 지금도 땅속 내부에서 활발한 화산 활동이 있으며, 때로는 분화가 일어난다. 아이슬란드에는 온천도 많기 때문에 사람들은 이를 목욕용 온수나 난방 등에 이용하고 있다.

지각 활동 또한 멈추지 않고 있다. 아이슬란드 중앙부에는 '갸우'라고 불리는 갈라진 틈이 있는데 그 곳에서 용암이 분출하여 딱딱하게 굳어 간다. 그 결과 아이슬란드는 매년 0.6mm~1cm씩 동서로 확대되고 있다. 땅이 계속해서 넓어지는 국가가 바로 아이슬란드인 것이다.

수십만 년 후에는 세계 지도상에서 아이슬란드가 일본보다도 넓은 면적을 자랑하는 나라로 그려지지 않을까……

아프리카에 가까워도 아프리카 색에 물들지 않은 섬

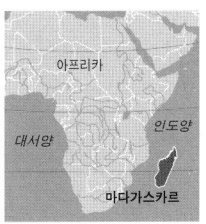

아프리카 대륙의 남동부 모잠비크와 해협을 사이에 두고 마주한 인도양 상의 섬 마다가스카르.

지도에서 확인해 보아도 섬치고는 꽤 크다는 것을 알 수 있다. 그도 그럴 것이 이 섬은 그린란드, 뉴기니, 보르네오에 이어 세계에서 4번째로 큰 섬이다. 마다가스카르는 1960년에 프랑스로부터 독립한 젊은 나라이다. 이 점은 대다수 아프리카 국가들과 비슷한 역사라고 할 수 있다.

이처럼 마다가스카르는 지리적으로도 아프리카 대륙에 가깝고, 독립의 역사 또한 다른 많은 아프리카 국가들과 다르지 않다. 하지만 그러면서도 아프리카 색을 느낄 수 없는 문화가 발달했다. 아프리카 국가로 있으면서도 아프리카 빛깔에 물들지 않은 이상한 나라인 것이다.

이 나라 주민들의 이동 경로를 조사해 보면, 동아프리카에서 이주해 온 사람들과 동남 아시아에서 이주해 온 사람들로 구성되어 있음을 알 수 있다. 공용어인 마다가스카르 어(말라가시)를 언어학적으로 분석해 보면 인도네시아 어파의 말레이계 언어임을 알 수 있는데, 다른 아프리카 국가들과는 달리 동남 아시아의 영향을 받았다는 점을 쉽게 짐작할 수 있다.

또 마다가스카르 어를 좀더 심층적으로 분석해 보면 프랑스 어의 영향을 받았음도 알게 된다. 게다가 유럽의 기독교 문화도 전승되어 있는 등 마다가스카르는 동남 아시아 문화에 아프리카와 아랍, 유럽의 양식이 혼합된 독자적인 문화를 만들어 왔다. 그리고 이러한 점이 마다가스카르를 아프리카 속에서도 독특한 나라로 만들어 주고 있는 것이다.

빙하에서 사막까지 다 만날 수 있는 '자연의 보고' 칠레

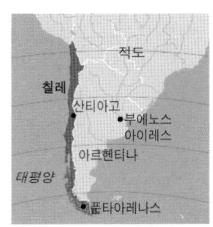

국경선으로 구분된 각 나라의 형태는 너무나 다양해서, 지도를 보고 있으면 감탄스럽기까지 하다. 그 중에서도 특히 남아메리카 대륙에 있는 좁고 긴 나라 칠레는 독특한 측면에서는 그야말로 타의 추종을 불허한다고 할 수 있다.

칠레는 북쪽 페루와의 국경에서부터 남쪽으로 남아메리카 대륙의 최남단 혼 곶에 이르기까지 이상할 정도로 좁고 긴 국토가 이어져 있다. 전체 길이는 약 4,265km이고, 폭은 평균 190km이다. 폭이 가장 넓은 곳이라 해 봐야 약 420km밖에 안 되며, 가장 좁은 곳에서는 90km만 달리면 동쪽 국경선에 닿게 된다.

세계에서 가장 좁고 긴 영토를 가진 나라인 만큼, 기후와 그 기후의 영향을 받은 자연 환경도 남북 간에 하늘과 땅만큼이나 큰 차이가 있다. 그래서 칠레의 국토를 종단하게 되면 갖가지 다양한 자연 환경을 차례로 만날 수 있어 칠레만의 매력을 느끼게 된다.

칠레의 자연 환경을 크게 나누면, 북부는 전형적인 사막 지대이다. 이 지역에 있는 아타카마 사막은 400년 동안 비가 한 방울도 내리지 않은 세계 기록을 보유한 사막 중의 사막이다. 그러나 중부로 접어들면 풍경은 완전히 달라진다. 비옥한 토지가 있고 계곡 지대가 펼쳐져 있으며 대부분의 칠레 국민들이 거주한다. 마지막으로 남부는 남극과 가까워서 도무지 사람이 살 수 없는 빙하 지대가 혼 곳까지 1,600km나 이어지고, 파타고니아라고 부르는 툰드라 지대가 펼쳐진다.

세상이 아무리 넓다고 해도 사막에서 빙하까지 모두 있는 나라는 칠레뿐이다.

3개의 제도와 환초로 이루어진 키리바시는 일 년 내내 기온이 높다.

키리바시 국민의 대부분은 미크로네시아 인으로 그들의 조상은 15세기경에 이주해 온 사모아 인이라고 한다.

칠레와 아르헨티나 국경 지역에 펼쳐진 파타고니아

칠레 중남부의 도시 푸에르토몬트. 주변 지역은 '아치펠라고'라는 바람이 불어 사람이 살기 힘들다.

칼럼 *세계 지도의 뒷모습 1*

알려지지 않은 세계의 이색 장소

에콰도르의 장수촌에서는 100살이 되어야만 어엿한 성인!?

남아메리카 에콰도르의 페루 국경 지대에 있는 마을 비르카밤바. 이 곳은 파키스탄의 훈자, 러시아의 코카서스와 더불어 세계 3대 장수촌 가운데 하나이다.
인구가 4,000명 정도인 이 마을에는 100살 넘은 노인이 20명도 더 된다. 이들은 젊은이 못지 않은 건강을 유지할 뿐 아니라, 아직도 들일을 하며 지낸다. 그래서인지 이 마을에서는 80세나 90세 정도의 노인은 아직 '젊은이' 취급을 받는다.
이 마을에는 1850년 이후의 출생 기록이 남아 있기 때문에 그 연령은 아주 정확한 것이라고 한다.
이 마을에 대해 연구했던 이의 말에 따르면, 산과 강에 둘러싸여 물이 풍부하고, 고지대임에도 불구하고 평균 기온이 19℃ 정도로 기후가 온난한 점 등이 장수와 관계가 있다고 한다.

아직도 '금녀(禁女)'를 고수하는 그리스의 성산(聖山) 아토스

에게 해의 펠로폰네소스 반도 동남쪽에 아토스 산이 있다. 이 산은 그리스 국토에 속하지만, 수도원 집합체에 의한 자치가 이루어지고 있기 때문에 하나의 국가로서 인정받고 있다.
특히 이 산은 그리스 정교의 성지로서 입산을 하려면 특별한 허가가 필요하며, 일단 들어간다 해도 쉽게 찾아갈 수 있는 곳이 아니다. 그래서인지 일반 관광객이 방문하는 일은 거의 없다.
또 수도사들의 수양을 방해하면 안 된다는 전통이 중세 때부터 지금까지 이어지고 있어, 오늘날에도 여성의 출입을 금하고 심지어 동물의 암컷조차 들어오는 것을 허용하지 않는 등 엄격한 계율을 지키고 있다.
그러나 이 아토스 산이 왜 성산의 기원이 되었는지는 여전히 수수께끼로 남아 있다.

1년에 한 번, 게들로 인해 빨갛게 물드는 섬

자바 섬 남쪽 360km 지점에 위치한 크리스마스 섬. 이 섬은 국토의 약 60%가 국립 공원으로 지정되어 있을 만큼 자연이 잘 보존되고 있는 곳이다.

이 섬에는 이 곳에서만 볼 수 있는 특별한 광경이 있는데, 열대 우림 지대에 사는 크리스마스레드크랩이라는 게들이 벌이는 퍼레이드가 그것이다. 매년 11월에서 1월 사이의 우기는 이 민물게들의 번식기로, 이 시기에 게들은 열대 우림에서 바다로 대이동을 시작한다.

놀랍게도 이 때 이동하는 게의 수는 약 1억 2천만 마리 정도라고 한다. 게들은 도로와 들판은 물론이고 집 안까지도 들어와 차각차각 소리를 내며 행진한다. 이러한 광경은 마치 섬 전체를 빨간 융단으로 덮은 것 같다.

물론 섬에는 사람들도 있고 자동차도 있어서 교통 사고로 죽는 게들도 있는데 전체적으로 보면 1%를 넘지 않는다.

서부 시대의 풍경을 그대로 지키고 사는 미국의 마을

평화로운 미국의 서부 개척 시대를 배경으로 한 영화를 본 적이 있을 것이다. 그런데 지금도 그런 영화에서나 볼 수 있는 생활 모습으로 살아가는 곳이 있다.

미국 남서부 펜실베이니아 주 랭카스터 교외 지역에 사는 '아미시'라는 프로테스탄트 일파는 성서에 따른 신앙을 엄격히 지키기 위해 사회와는 거리를 둔 생활 양식을 지키고 있다.

조명은 램프뿐이고, 라디오나 텔레비전은 물론 없다. 전화를 집까지 연결하는 것도 금지되어 있어서, 다섯 집에 한 대 정도 낡은 전화 부스가 설치되어 있을 뿐이다.

게다가 자동차 운전도 허용되지 않기 때문에 외출할 때에는 바기라고 부르는 마차를 몰거나, 아미시가 아닌 사람에게는 운전을 맡기지 않는다고 하니 그 엄격함을 짐작할 수 있을 것이다.

사해에는 물이 흘러 나가는 하천이 없기 때문에 호수 자체의 증발로 수면을 일정하게 유지한다.
(위 왼쪽) 사해에서는 수영할 줄 모르는 사람일지라도 쉽게 물에 뜰 수 있다.
(위 오른쪽) 호수 밑의 진흙에는 무기질과 염분이 풍부하게 함유되어 있어 피부 미용에 그만이라고 한다.

제2장
잘 알려진 곳에 숨겨진 수수께끼

너무나도 관광지화되어서
여행지로는 좀…… 하고 망설여지는 대도시에도
잘 살펴보면 신기한 것들이 많이 감춰져 있다.
유명한 곳이기에 그 매력은 지금도 사람들을 매료시키기에 충분하다.

'생물이 살지 않는 바다' 사해가 피부 미용으로 각광받는 이유

'이스라엘과 요르단의 국경 지대' 하면 먼저 떠오르는 것이 정치적 분쟁으로 인한 유혈 충돌 뉴스일 것이다. 그러나 이것만 있는 것은 아니다. 이 지역은 여성의 관심사 가운데 하나인 피부 미용의 명소로도 주목을 받고 있다.

세계의 많은 여성들이 이 곳을 찾는 까닭은 이름도 이상한 호수 '사해'가 있기 때문이다. 길이 약 81km, 폭 17km, 최고 수심 399m의 이 호수는 바로 옆에 위치한 지중해보다 수면의 높이가 397m나 낮은 세계에서 가장 낮은 호수이다. 물 속에 생명체가 전혀 없기 때문에 사해(死海)라고 불렸다. 그리고 수영을 전혀 못하는 맥주병들도 이 곳에서만큼은 몸이 잘 뜨기 때문에 안심하고 수영할 수 있다.

생명체가 살지 못하고 또한 몸이 잘 뜨는 이유는 사해의 염분 농도가 높기 때문이다. 염분 함유량이 호수 전체의 25%로 바닷물보다 약 5배 정도 진한 농도이다. 그래서 수영을 해 보면 물이 기름처럼 미끈미끈하게 달라붙는 것을 느낄 수 있다. 염화마그네슘과 염화나트륨, 염화칼슘 등이 풍부하게 함유되어 있는 것도 이러한 느낌이 들게 하는 원인이다.

사해의 물은 음료수로 활용하기에는 곤란하지만 피부 미용에는 무척 효과가 좋다. 사해 바닥에 깔려 있는 진흙으로 전신 마사지를 일 주일 정도만 계속하면 피부가 매끄러워진다고 하여 전 세계 여성들로부터 인기가 높다.

지금은 호수 연안에 여러 개의 호텔이 세워지고, 사해의 진흙을 원료로 한 비누도 만들어졌다. 생물이 거의 살 수 없는 곳이지만, 지금은 아름다워지고 싶은 여성들의 명소가 된 것이다.

'이집트는 나일 강의 선물' 이라는 말은 정말 사실일까?

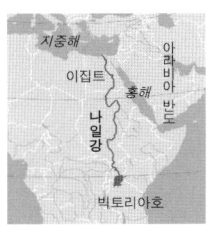

이집트의 국토 면적은 한국의 10배가 넘지만 90% 이상이 사막 지대이다. 즉 인간이 정착해 살아간다는 것이 거의 불가능한 땅이 이 나라의 대부분을 차지한다. 그럼에도 불구하고 5,000만 명 이상의 인구가 일상 생활을 영위하며 살아갈 수 있는 것은 사하라 사막 가운데를 흐르는 대하천 나일 강이 있기 때문이라는 사실은 세계 지도를 펼쳐 보면 한눈에 알 수 있다. 왜냐하면, 도시가 집중해 있는 곳은 나일 강 유역에 한정되어 있기 때문이다.

옛날부터 이집트에는 나일 강을 찬양하는 말들이 많이 전해지고 있는데, '이집트는 나일 강의 선물'이라는 말도 그 가운데 하나이다.

세계에서 가장 긴 강 나일 강은 우간다와 에티오피아의 고원과 산악 지대에서 발원하여 수단과 이집트를 남북으로 가로지르며 장장 6,690km를 흘러 지중해로 들어간다. 일부 오아시스를 제외하고는 이집트에서의 도시 발달은 나일 강과 무관하지 않다. 따라서 '이집트는 나일 강의 선물'이란 말은 바로 정곡을 찌르는 말이다.

그러나 나일 강은 수량 변동이 심했기 때문에 기원전에는 관개 농업을 망치는 일이 허다했다. 우기에 강물이 범람해서 대홍수를 일으킴으로써 농경지가 유실되는 적도 있었다. 그래서 사람들은 나일 강의 심술궂은 범람으로부터 농경지를 지키기 위하여 튼튼한 제방을 쌓는 데 힘을 썼다. 그 결과 중앙 집권적인 국가가 형성되었으며, 이집트 왕조는 영화를 누리며 발전해 갔다. 결국 나일 강으로 인해 많은 피해를 입기도 했지만, 그 피해를 막아 보려는 사람들의 노력이 나일 강을 한층 더 신성한 존재로 승화시켰다고 할 수 있다.

아스완하이 댐으로 유명한 이집트 남부 아스완에서 바라본 나일 강

나일 강의 혜택을 받아 온 이집트의 수도 카이로의 전경

고대 이집트의 역대 파라오들 중에서도 특히 유명한 투탄카멘 왕

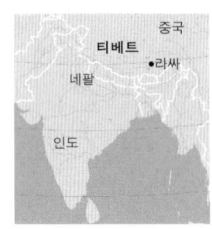

'히말라야 산기슭의 비경' 티베트는 본래 누구의 땅인가?

티베트라는 말을 들으면 무엇이 떠오르는가? 히말라야 산기슭에 있는 신비스러운 곳이라고 답하는 사람이 많을 것이고, 라마 교(티베트 불교)를 연상하는 사람, 티베트 레스토랑의 메뉴를 떠올리는 사람도 있을 것이다. 하지만 티베트라고 하는 나라명을 이야기하는 사람은 의외로 적은 것이 현실일 것이다.

사실 티베트는 정식 독립 국가의 이름이 아니다. 현재 주민의 90%를 차지하는 티베트계 민족에 의한 자치권을 인정받고는 있지만, 중국의 관할 아래 놓인 중국의 자치구 가운데 하나일 뿐이다. 요컨대 '티베트 자치구'라고 하는 것이 정확한 설명이다.

티베트는 오랜 옛날부터 북쪽으로는 몽골, 남쪽으로는 인도 등의 나라로부터 끊임없이 간섭과 침략을 받아 온 곳이다. 그 중에서도 동서로 국경을 접하고 있는 중국으로부터는 명조, 청조 때부터 간섭을 받기 시작하여, 마침내 중국에 편입되고 마는 슬픈 역사를 가지고 있다.

제2차 세계 대전 후인 1950년, 독립 상태를 유지하고 있던 티베트에 중국 인민군이 침공한 것이다. 이에 항거했던 달라이 라마 14세는 인도로 망명한 채 지금도 저항을 계속하고 있다. 특히 달라이 라마 14세가 비폭력 저항 운동을 실천한 것이 높이 평가되어 노벨 평화상을 받은 일은 기억에도 새롭다. 그러나 중국은 티베트에 대한 지배권을 포기하지 않고 1965년 이 곳을 자치구로 지정하였다. 그 상태가 지금까지 지속되어 온 것이다. 티베트 사람들은 티베트라는 이름이 독립 국가로서 승인되는 그 날이 오기를 간절히 바라고 있다.

'서핑'하면 생각나는 하와이의 큰 파도는 어디에서 오는 것일까?

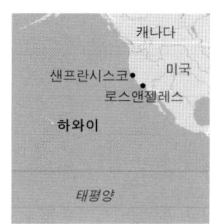

최근 젊은이들 사이에는 서핑이 대단히 인기 있는 레포츠이다. 그러나 우리 나라나 일본의 해안은 파도가 약해서 본격적으로 서핑을 즐기려는 사람들에게는 충분하지 못한 환경이다. 그래서 서퍼들은 빅 웨이브(big wave)를 찾아서 하와이나 캘리포니아 같은 서핑의 본고장으로 떠난다.

그러면 하와이 등지의 해안에 나타나는 빅 웨이브는 도대체 어디에서 밀려 오는 것일까? 그 길을 거슬러 추적하다 보면 서퍼들이 전혀 예상하지 못했던 의외의 장소에 도달하게 된다.

미국 해양연구소의 연구에 의하면, 하와이나 캘리포니아 해안에서 발생하는 빅 웨이브의 대부분은 그 곳과 정반대에 있는 남극해에서 밀려 오는 것으로, 거의 지구를 반 바퀴나 이동해 온 것이라고 한다.

파도의 기원지로 여겨지는 곳은 남위 40~50도 사이에 있는 남극 대륙 주변 해역이다. 이 곳에는 항상 강풍이 거칠게 몰아치기 때문에 사람들은 이를 가리켜 '포효하는 40도(roaring forties)', '절규하는 50도(screaming fifties)' 등으로 표현한다.

특히 겨울에는 기후가 매우 사나워 폭풍으로 바뀌기 쉽고, 그 결과로 거대한 파도가 쉽게 만들어진다. 이 파도가 일렁거리며 적도를 넘어서 하와이와 캘리포니아의 해안에 빅 웨이브가 되어 밀려드는 것이다.

'그럼 마찬가지로 우리 나라의 해안에도 남극의 파도가 밀려와 부딪치는 거 아냐?'라고 생각할지 모르겠다. 그러나 남극해에서 밀려 오던 파도는 오스트레일리아 대륙과 인도네시아의 섬들에 가로막혀서 일본이나 한반도까지 도달하지는 못한다.

티베트 불교는 인도 불교를 전승하고 있다. 15세기에 출현한 총카파는 천재적인 능력을 발휘한 승려였다.

라사에 위치한 사원으로 티베트 불교의 총본산이다. 그 자태의 웅장함은 타의 추종을 불허한다.

같이 공부하는 라마 승려들이 조를 짜 문답 수행을 하고 있다.

도시 전체가 거대한 미로!?
한번 들어가면 빠져나올 수 없는
카스바의 비밀

외국 도시들의 시가도를 보면, 계획적으로 건설되었다는 느낌이 드는 도시들이 있다. 에펠 탑을 중심으로 방사선상으로 뻗어나간 파리나, 처음부터 도시의 윤곽을 잡고 건설한 오스트레일리아의 캔버라 같은 도시들은 지도를 보고 있기만 해도 감탄이 절로 나온다.

이와는 반대로 복잡하게 얽혀 있어 길을 잃으면 빠져나올 수 없을 정도로 미로 같은 도로망이 깔려 있는 도시들도 있다. 그 대표적인 도시가 알제리의 수도 알제에 있는 옛 시가지 카스바(casbah)이다.

항구 옆의 구릉 중턱에 세워진 성채를 향해 나선형으로 뻗어 올라간 옛 시가지가 카스바의 거리이다. 좁은 도로가 구불구불 계속되는가 싶더니 갑자기 꺾어지고, 돌연 막다른 골목에 이르는 등 정말로 미로라는 말이 딱 맞다.

더욱이 길 양 옆에는 석조 건물들이 빼곡이 들어 차서 햇볕도 들지 않을 정도로 어둑한데 여행자들에게는 으스스함마저 느끼게 한다. 이것은 카스바 옆 해안선 일대가 깔끔하고 산뜻한 순백색 주택 지역인 것과는 너무나 대조적이다.

왜 이렇게 복잡하고 괴상한 도로망을 만들었을까? 그 이유의 하나로 더위를 피하기 위해 햇빛이 곧장 드는 직선 도로망을 피했다는 것이 있다.

한편으로는 알제리 인들이 독립 투쟁을 할 때 적의 침략을 저지할 목적으로 일부러 도로를 복잡하게 만들었다는 이야기도 있다. 실제로 1954년 알제리 전쟁 당시 프랑스군은 카스바의 깊숙한 곳에 포진한 알제리 게릴라군에 대한 공격에서 고생만 하고 승리를 거두지 못했다고 한다.

두 개의 여권을 소지하고 사는 남태평양의 섬주민

　미국이나 유럽 지역에 편중되었던 해외 여행 취향도 요즈음에는 조금씩 여러 지역으로 분산되는 경향을 보이고 있다. 특히 남태평양 국가들의 인기가 높아서 오스트레일리아와 뉴질랜드로 향하는 여행객들이 급증하고 있는데, 이들 중에는 뉴질랜드령으로 되어 있는 쿡 제도를 방문하는 이들도 있다.

　쿡 제도는 역사적으로 유명한 영국인 선장 캠프턴 쿡이 18세기에 세 번이나 항해했던 것에서 유래하여 붙여진 이름이다. 쿡 제도는 독립 국가와 같은 기능을 가지고 있으면서도 국방과 외교 문제를 뉴질랜드에 위임한 자유 연합형 국가를 형성하고 있다.

　이러한 국가 형태는 독립 국가의 체제를 갖추지 않았다는 이유 때문에 세계의 절반이 넘는 국가들로부터 독립국으로 인정받지 못하고, 일반적으로 뉴질랜드령으로 인식되고 있는 상태이다.

　특히 쿡 제도는 국방과 외교 문제를 뉴질랜드에 위임하고 있을 뿐만 아니라 양국 간에 독특한 협정을 맺고 있다. 바로 이 곳 섬주민들은 쿡 제도의 국민이면서 또한 모두가 뉴질랜드의 여권을 갖기로 한 것이다.

　게다가 오스트레일리아와도 뉴질랜드와 같은 협정을 맺고 있기 때문에 쿡 제도의 주민들은 모두 세 종류의 여권을 가질 수 있다. 따라서 이 곳 주민들이 뉴질랜드나 오스트레일리아로 이주하고자 할 때에도 별도의 비자 발급 없이 자유롭게 언제라도 살고 있는 섬을 떠나 다른 나라의 국민이 될 수 있다.

새우나 게를
먹는 것만으로도
체포되는 나라가 있다!?

세계 각국의 관광지를 찾아다닐 때의 즐거움 가운데 하나가 맛있는 음식을 즐기는 일이다. 그런데 종교적인 이유나 그 나라만의 법률적 규제 때문에 입에 대기만 해도 비난을 받거나 때로는 체포되기도 하는 음식과 조리법이 존재하는 나라가 있다. 과연 그 곳은 어디일까?

인도에서는 힌두 교의 교리상 신성한 존재인 소를 먹어서는 안 된다는 것쯤은 이제 상식이다. 그런데 새우나 게를 잘못 먹으면 체포되는 나라도 있다.

오스트레일리아가 바로 그 곳인데, 뉴사우스웨일스 주와 퀸즐랜드 주, 빅토리아 주에서는 새우나 게와 같은 갑각류를 조리할 때 지켜야 할 규칙이 있다. 살아 있는 상태에서 고통을 주면서 조리하면 동물 학대 방지법이란 주법에 의해 최고 2년간의 금고형 또는 11,000 호주달러의 벌금을 물어야 한다.

때문에 살아 있는 생선의 회를 뜨는 일은 이 곳에서는 상상할 수도 없는 일이다. 다만 랍스타 요리는 예외인데, 이 경우에도 랍스타의 몸체를 가로로 토막을 내서는 안 된다. 고통을 느끼는 기관인 중추신경을 단번에 파괴할 수 있도록 세로로 자르고, 차가운 소금물에 담가서 가사 상태에 빠뜨린 후 조리를 해야 하는 등의 까다로운 규제 사항이 있다.

새우나 게는 통증에 대한 감각이 인간과 비슷하여 살아 있는 그대로를 먹는 것은 잔인하다는 것이다. 그렇지만 생굴은 입 속에서 바로 죽기 때문에 죄가 되지 않는다고 한다. 왠지 억지 이론 같다는 생각이 드는 것은 내가 생선회를 너무 좋아하기 때문일까?

카스바에 있는 석조 건물들은 주민들을
강렬한 태양으로부터 보호해 준다.

(위) 쿡 제도의 라로통가 섬. 하얀 해안선이 끝
  없이 이어진다.
(옆) 쿡 제도 주민의 체형이나 언어는 뉴질랜
  드의 마오리족과 비슷하다.

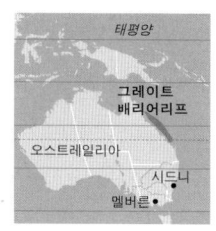

'세계 최대의 산호초' 그레이트배리어리프의 놀랄 만한 사실!?

광활한 오스트레일리아 대륙을 여행할 때, 수많은 관광 명소 중에서 아름다운 산호초가 펼쳐진 그레이트배리어리프를 택하는 여행자들이 점점 늘고 있다.

그레이트배리어리프는 오스트레일리아의 북동부 퀸즐랜드 주 동쪽 앞바다에 펼쳐진 산호초와 그 해역을 일컫는다. 1770년에 쿡 선장에 의해 발견되었으며 지금도 수많은 관광객들을 감동시키고 있다. 산호초의 길이는 무려 2,000km에 이르러, 세계 최대 규모를 자랑한다.

단순히 아름다운 산호초라고 말할 수도 있지만, 그레이트배리어리프의 산호초를 보다 자세히 심도 있게 살펴보면 정말로 경이로운 존재임을 알 수 있다.

길이가 2,000km에 달한다는 것도 놀랍지만, 가장 두꺼운 부분의 산호층 두께가 150m를 넘는다는 것은 더욱 놀라운 일이다. 1만 5천 년이란 유구한 세월 동안 형성된 이 산호초는 자연이 오랜 세월 공들여서 만들어 낸 신비라고밖에 달리 표현할 길이 없다.

보통 통틀어 산호라고 부르긴 해도 그레이트배리어리프의 산호는 무려 350종으로 분류가 가능하다고 하니, 그야말로 산호 박물관이 따로 없다.

이 산호를 서식처로 세계 최대의 조개인 자이언트클램(Gaint clam)을 비롯한 각종 어패류와 조류들이 살아가고 있으며 야생 생물 보호 구역으로도 지정되어 있다.

그러나 최근 인간에 의한 환경 오염이 진행되면서 이 곳의 환경과 생태계가 파괴될지 모른다는 지적이 나오고 있다. 이 아름다운 자연이 영원히 보존되었으면 하는 바람이다.

맨해튼을 '뉴욕의 마천루'라고 부르는 까닭은?

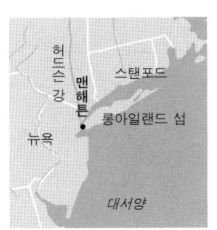

　미국 본토 중에서 인기 있는 관광지를 꼽으라고 한다면 동해안에서는 뉴욕이 단연 최고일 것이다. 그리고 뉴욕 하면 맨해튼을 떠올리는 것이 보통인데, 사실 맨해튼은 뉴욕 주의 한 지구에 지나지 않는다. 미국에서 주라는 것이 얼마나 넓은지는 지도책을 보면 금방 알 수 있다.

　그런데도 작은 섬에 불과한 맨해튼이 뉴욕의 대명사가 된 것은 무슨 이유일까? 그것은 바로 마천루(skyscraper)라고 일컬어지는 고층 빌딩군 속에서 세계의 정치경제에 영향을 미치는 파워가 소용돌이치고 있기 때문일 것이다.

　그러면 넓고도 넓은 뉴욕 주에서 왜 하필 맨해튼에 고층 빌딩들이 빽빽이 들어서서 마천루를 형성한 것일까?

　그 이유 가운데 하나로, 맨해튼이 허드슨 강과 이스트 강으로 둘러싸여 있어 무역 활동에 꼭 필요한 양항으로서의 조건을 갖추고 있다는 점을 들 수 있다.

　또 하나는 맨해튼 섬의 지반이 견고하다는 점이다. 이 섬의 암반은 선캄브리아기에 형성되었는데 빙하기에 상층부가 깎여서 견고한 결정편암이 밖으로 드러난 것이다. 이 같은 단단한 기반암 때문에 그 위에 얼마든지 고층 빌딩들을 세우는 것이 가능했던 것이다.

　게다가 미국의 동해안 일대는 조산대가 아니기 때문에 대규모의 지진이 일어날 걱정도 없다. 몇 년 전 대지진으로 고속 도로가 무너진 로스앤젤레스와는 대조적이다. 따라서 사람들은 마음 놓고 맨해튼 섬에 앞다투어 고층 빌딩을 세우고 마천루를 형성해 놓은 것이다.

그레이트배리어리프에는 350종이 넘는 산호와 다양한 어패류, 조류 등이 서식한다

엠파이어스테이트 빌딩 등 초고층 빌딩들이 즐비한 맨해튼

세계에서 가장 치안이 완벽한 모나코의 속사정

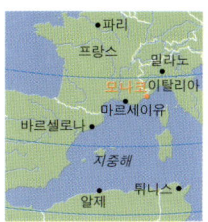

유럽 남부에서 지중해를 바라보고 프랑스, 이탈리아와 국경을 맞대고 있는 작은 나라가 모나코 공국이다. 세계에서 두 번째로 작은 나라이기 때문에 세계 지도에서는 눈에 띄지 않지만, 유럽의 휴양지로서는 인기가 높은 곳이다. 고상한 해양 리조트를 즐기고 싶은 사람들뿐만 아니라 자동차를 좋아하는 사람들은 모나코 그랑프리를 관전하러, 도박 애호가들은 카지노를 들르러 찾는 등 즐길 요소들이 많은 나라이다.

주민을 보면 순수 모나코 인은 총 인구의 20% 정도에 지나지 않는다. 나머지 80%는 프랑스 인, 이탈리아 인, 영국인 등이며, 특히 거리를 걷다 보면 부자들이 많다는 것을 알게 된다. 그도 그럴 것이, 모나코에서는 세금(직접세)이 면제되는 까닭에 수입의 절반 이상을 세금으로 내야 하는 다른 나라의 부호나 유명인들이 앞다투어 이주하고 있는 것이다.

당연히 모나코에서는 화려한 사교의 현장도 여기 저기서 목격할 수 있는데, 값비싼 드레스와 보석으로 화려하게 치장한 사람들이 밤새도록 파티와 놀이를 즐긴다.

그렇게 밤새도록 문을 열어 놓아도 밤에 도둑 들 걱정이 없느냐고 묻는다면 그것은 한마디로 쓸데없는 참견이다. 모나코는 세계에서 위기를 가장 잘 관리하는 곳이기 때문에 아주 안전하다.

전체 경찰관의 60%가 야간 경비에 나서고 있고, 길 곳곳에 방범 카메라가 설치되어 있다. 이 카메라는 24시간 운영되는 경찰서의 집중 관리 센터와 연결되어 있어 범죄가 발생하면 현장 출동까지 몇 초밖에 걸리지 않으며 3분 이내에 국경 봉쇄도 가능하다고 한다. 이 정도면 날고 기는 범인이라도 이 작은 나라를 빠져 나가기란 애시당초 불가능한 것이 아닐까?

세계에서 유일한 해상 도시 베네치아는 이렇게 해서 생겨났다!!

'물의 도시'라고 하면 이탈리아의 베네치아를 가리킨다. 자동차를 비롯한 각종 육상 교통이 발달한 지금도 베네치아에서는 육상에서의 이동은 자신의 다리에 의존하는 길밖에 없다. 그렇지만 수상에서의 이동은 수상 버스나 모터 보트가 시민들의 발 역할을 하는 데다 곤돌라라고 부르는 낭만적인 이동 수단도 아직 건재해서, 여전히 수상 도시로서의 면모를 잘 보여 주고 있다.

세계의 다른 도시에서도 예를 찾아볼 수 없는 수상 도시 베네치아가 탄생한 것은 지금으로부터 약 1,600년 전으로 거슬러 올라간다. 원래 베네치아 일대는 갈대가 우거진 얕은 석호(lagoon)였다. 러시아 남부의 기마 민족인 훈족의 침략을 계기로 시작된 게르만족의 대이동으로 이 곳까지 쫓겨 온 사람들이 여기에다 터전을 일군 것이다.

그들은 낙엽송과 떡갈나무 말뚝을 석호의 물 속 깊숙이 박고 그 위에 돌을 쌓아서 토대를 만드는 독창적인 방법으로 점차 물 위에 수상 도시를 건설해 갔다. 그 결과 122개의 섬들로 이루어진 해상 도시가 완성되었다. 섬과 섬 사이는 410개의 다리로 연결되었고 176개의 운하가 흐르고 있다.

베네치아는 중세 시대부터 문화와 예술이 발달한 도시로, 세계 여러 나라 사람들이 꼭 여행하고 싶어하는 곳 중 하나이다. 그러나 1966년 큰 해일이 베네치아를 덮치는 수재가 발생함으로써 한때 도시가 수몰되는 피해를 입었다. 게다가 이탈리아 본토의 공업 지대에서 많은 지하수를 퍼올림에 따라 이 곳의 지반이 침하된다는 지적도 있어서, 수해 복구 작업과 함께 국제 기관과 이탈리아 정부 주도로 도시 보존 계획이 강구되었다.

패스트푸드 점이 해외에서는 고전을 면치 못하는 이유

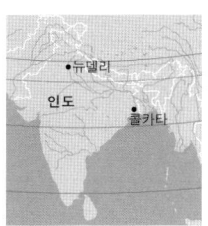

세계 어느 곳을 가 보아도 눈에 자주 띄는 간판이 있다. 미국의 패스트푸드 점들이 그 대표적인 것인데, 세계 각지에 햄버거 가게와 프라이드 치킨 가게가 진출해 있다. 미국과 오랜 적대 관계에 있던 러시아에 맥도널드 1호점이 문을 열었을 때에는 세계적인 뉴스로 다루어지기까지 했다.

그러나 이처럼 막강한 힘을 가진 패스트푸드 점일지라도 미국과 똑같은 메뉴와 맛, 양 그대로 제공하면 다른 나라 사람들에게 호응을 얻을 수 없다. 여기에 종교 문제까지 얽히게 되면 문제는 훨씬 더 복잡해진다.

예를 들어 인도의 수도 뉴델리에는 이미 오래 전에 패스트푸드 점이 진출했는데, 힌두 교도가 많은 인도에서는 쇠고기를 먹는 것은 법도에 어긋나는 일이었기 때문에 쇠고기로 만든 햄버거 메뉴를 완전히 바꾸고 치킨 버거와 양고기 버거, 피시 버거에 주력할 수밖에 없었다. 그럼에도 불구하고 패스트푸드 점이 오픈할 때에는 가게 앞에 장사진을 쳤다고 하니 햄버거의 인기가 어느 정도인지 짐작할 만하다.

하지만 종교적인 문제로 고기를 전혀 먹지 않는 행사가 끊이지 않았기 때문에 패스트푸드 점도 영업에 지장이 생길 수밖에 없었다. 궁리 끝에 이들은 야채 메뉴를 개발하였다. 또 향신료를 넣은 음식을 즐기는 인도인들의 입맛에 맞춰 특별 메뉴를 개발하는 등 악전 고투의 나날이 계속되고 있는 듯하다.

생각해 보면 한국이나 일본에서도 데리 버거나 라이스 버거가 많이 팔리고 있기 때문에 인도만 특별하다고 말할 수는 없는 것이지만……

베네치아는 물의 도시로서, 품격 있는 문화와 그 아름다움 때문에 '아드리아 해의 여왕'이라고 불렸다.

이리저리 얽힌 수로를 운행하는 곤돌라. 베네치아를 상징하는 것들 중 하나이다.

칼럼 세계 지도의 뒷모습 2

세계의 생활 습관, 이것이 다르다!

애완 동물에게 이름을 지어 주지 않는 중국인의 기질

우리에게는 애완견이나 애완 고양이에게 이름을 지어 주는 것이 당연한 일이다. 그 이름이란 것도 누렁이, 방울이, 또또, 나비 등 수를 헤아리자면 끝이 없다.
우리는 이러한 관습을 가지고 있지만, 다른 나라에서는 이와는 사정이 다른 것 같다.
예를 들어 중국에서는 개나 고양이에게 이름을 붙이지 않는다고 한다. 왜냐하면, 중국에서 애완 동물은 어디까지나 애완 동물에 불과하며, 사람과 동물의 경계를 확실히 구별하기 때문이라고 한다.
반면 미국에서는 개나 고양이를 인간과 함께 살아가는 파트너로 여긴다. 그 때문에 '동물의 권리(animal right)'라는 것까지 주장되고 있을 정도이다.
따라서 미국에서는 애완 동물에 대한 예우가 한국에서보다 확실히 지켜지고 있다고 할 수 있다.

이사를 해도 신고할 필요가 없는 이상한 나라가 있다!?

한국에서는 이사나 취직을 할 때에 주민등록증이나 주민등록등본을 반드시 제출하지 않으면 안 된다. 회사 근무나 개인 사정으로 시간을 내기 힘든 사람에게 이런 절차는 여간 번거로운 일이 아니다.
그런데 이런 경우에 관공서에 가서 신고하지 않아도 되는 나라가 있다.
바로 자유의 나라 미국이다. 미국은 아예 주민 등록이란 제도가 없기 때문에 대륙을 횡단해서 이사를 가더라도 별도의 절차가 필요 없다.
미국에서 공적 증명서는 출생 증명서인데, 여기에는 이름, 생년월일, 부모 성명, 출생지 등이 적혀 있다.
또 미국에 거주하는 외국인에게는 사회 보장 번호(social security number)라고 하는 개인 번호가 부여되는데, 이것은 세금을 내거나 전화를 개설할 때에 필요하다.

아직도 돌로 된 화폐(석화)를 사용하고 있는 섬은?

남태평양에 자리한 미크로네시아 연방에 속한 야프 섬은 아직까지도 돌로 만든 화폐(석화)의 가치를 인정하는 세계적으로 희귀한 곳이다.

이 곳의 석화는 원반 모양의 돌 중앙에 구멍을 뚫은 것으로, 작은 것은 지름이 20cm 정도이고 큰 것은 지름이 4m에 이르는 것도 있다.

돌의 가치를 정하는 기준은 크기뿐만 아니라 그 돌이 지닌 전설에 의해서도 크게 좌우된다. 예를 들면, 어느 마을의 촌장이 일 년 걸려 운반해 온 것이라든가, 돌을 운반하던 중 배가 거친 파도에 휩쓸릴 뻔했다든가 하는, 그 돌을 얻기 위해 고생한 만큼 가치가 올라간다.

지금도 야프 섬에서는 부동산 거래나 결혼식과 같이 축하할 일이 생길 경우에 이들 돌의 소유권만을 주고받는 일이 있다고 한다.

한 잔의 카푸치노가 재판까지 갔다!?

매일 아침 정해진 시간에 10분 정도 외출해 바에서 커피를 마신 공무원이 마을 당국으로부터 정직 처분을 받은 사건이 있었다.

이 공무원은 상사의 허락을 받지 않고 자리를 떴다는 이유로 이런 처분을 받았는데, 이 처분에 불복한 공무원이 법원에 재판을 신청하였다.

재판 결과는 공무원의 승소였다. 근무 시간 중에 커피를 마시러 가는 것은 일상적인 습관이라는 것이 법원의 판결이었다.

한 잔의 커피가 원인이 되어 재판을 한다는 것은 한국에서는 생각조차 할 수 없는 일이지만, 커피 타임을 무엇보다도 소중히 생각하는 이탈리아 국민에게 있어서는 이런 사건이 일어나는 것이 어쩌면 당연한 일인지도 모르겠다!?

지도 자세히 읽기 ①

세계 지도를 둘러싼
소박한 의문

직선으로 된 국경은 왜 있을까? 북극은 어디를 가리키는 것일까?

세계 지도를 펴면 이러한 단순한 의문들이 떠오른다.

이러한 의문은 누구나 가지고 있으며 누구라도 알 수 있는 것이다.

지도의 역사를 찾는다

세계에서 가장 먼저 아침을 맞이하는 나라 키리바시

세계 최초의 지도는?

지도라고 하면, 선이나 기호 등이 종이 같은 것에 묘사된 것을 예상하는 것이 보통이다. 그런 의미에서는 고대 바빌로니아의 점토판 지도가 현존하는 가장 오래 된 지도일 것이다.

그보다 훨씬 오래 전에도 땅에다 자신의 생활권을 나타내는 그림을 그리기는 했겠지만, 그러한 것이 후세에 전해질 리 없었을 것이다. 그 뒤 지도라고 인정할 만한 형태로 발달한 시기는 수천 년 전이라고 생각되지만, 유감스럽게도 역사상 최초의 지도가 어떤 것이었는지는 확실하지 않다.

날짜 변경선은 왜 직선이 아닐까?

세계 지도를 펴고 날짜 변경선을 찾아보면, 경도 180도 선을 따라 직선으로 가다가 도중에 지그재그로 꺾이는 것을 볼 수 있다.

만약 경선을 절대적인 경계로 했다면 같은 나라, 같은 마을에 살고 있어도 이웃집과 자기 집의 날짜가 하루씩 틀릴 수도 있을 것이다. 그렇게 되면 그 곳에 살고 있는 사람들이 얼마나 불편할 것인지는 쉽게 상상할 수 있다.

그래서 날짜 변경선이 어떤 나라나 행정 구역을 가르며 지나갈 때에는 생활에 불편을 주지 않도록 적당히 옮겨 놓았다.

경도 15도마다 있는 세계 표준시 구획의 경계선에도 같은 원리가 적용되고 있다. 정치와 경제적 측면에서 지장이 없도록 필요에 따라 옮겨 놓은 것이다.

지구의 크기는 어떻게 측정했나?

중세 유럽에서는 지구가 평평하다고 믿고 있었다. 그러나 지구가 둥글다는 것은 그보다 훨씬 전인 그리스 시대에 이미 밝혀진 바 있다. 그리고 기원전 2세기경에 활약했던 수리 지리학의 창시자 에라토스테네스는 지구의 크기까지 추정하였다. 그는 하지날 태양의 남중 각도로부터 지구의 남북 단면 원주인 자오선의 길이를 계산해 낸 것이다.

시에네라는 곳은 북회귀선에 가까워서 하지의 남중시에는 태양이 거의 수직봉 위에 온다. 한편 시에네에서 약 900km 떨어진 알렉산드리아에서는 남중할 때 태양이 수직봉에 대해 7° 12″ 각도에 자리했다.

에라토스테네스는 이 두 지점 사이의 위도차와 거리를 이영하여 자오선의 길이(지구의 둘레)를 4만 5,000km라고 계산해 냈다. 현재 판명된 4만 km와 비교해 볼 때 그 계산의 정확성에 놀라지 않을 수 없다.

동서 문화 융합의 요충지에 자리한 알렉산드리아의 가이트 베이 요새

아프리카와 북아메리카의 국경선들은 왜 직선 형태인가?

자연 발생적인 국경은 바다와 강, 산 등이 경계이기 때문에 구불구불 구부러져 있지만, 직선으로 되어 있는 국경선도 있다. 예를 들면, 미국과 캐나다의 국경은 서쪽의 반이 직선으로 북위 49도 선을 따라 그어져 있다.

이러한 국경선은 새롭게 들어온 세력이 자신이 정복한 땅을 마음대로 분할할 때 생긴다. 지도 위에 자를 대고 선을 그어 국경을 정한 때문인 것이다.

아프리카도 19~20세기에 유럽 열강들이 식민지를 분할할 때 생긴 직선 국경이 많다. 그 때까지 이어져 왔던 나라와 부족의 주거 지역을 무시하고, 경선과 위선을 따라 선을 마음대로 그어 버린 것이다. 그 결과 한 부족이 둘로 나뉘어지거나 서로 다른 부족이 하나로 묶였는데, 이것이 독립 후 분쟁의 씨앗이 된 것은 말할 필요도 없다.

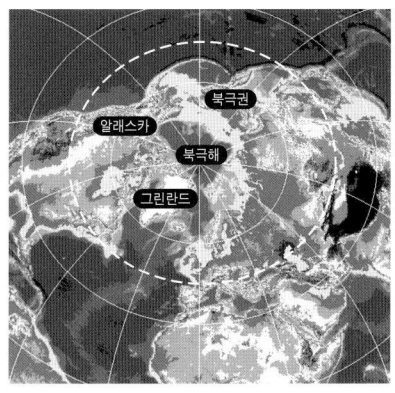

육지가 없는 북극은 어디에서부터 어디까지인가?

남극에는 남극 대륙이 있지만, 북극에는 북극 대륙이라 할 수 있는 것이 없다. 북극점조차도 육지가 아니기 때문에, 북극권이라고 하면 어디에서부터 어디까지를 말하는 것인지 궁금해하는 사람이 많을 것이다.

북극권의 중심을 이루는 것은 얼음으로 뒤덮인 바다이다. 북극권 주위에 작은 육지가 있지만, 그 가운데 30%는 영원히 얼음에 덮여 있으며, 나머지는 툰드라 지대로 꽁꽁 얼어붙은 불모지이다.

북극의 경계는 일반적으로 북위 66° 30′으로 정해져 있다. 이보다 북쪽 지역에서는 하지에 해가 지지 않고 동지에는 해가 뜨지 않는다.

지리학에서 북극 지방이라고 하면 삼림 한계선 북쪽 지역을 가리키는 경우가 많다. 자라고 있는 것은 이끼와 풀뿐인 춥고 황량한 경관이 펼쳐지는 지점이 경계인 것이다.

북극점 근처의 빙상. 북극에는 대륙이 없기 때문에 북극점을 표시하는 기념물이 없다.

이누이트족의 집촌 그리스베이

지도를 찾아보고 싶게 만드는 에피소드

국경 불명의 땅을 다 합하면 한반도의 1.5배!?

세계에는 국경이 정해져 있지 않은 지대도 있다. 그 중에서도 상당히 넓은 지역에 걸쳐 명확하지 않은 국경 상태를 유지하고 있는 나라가 아라비아 반도의 80%를 차지하는 사우디아라비아이다. 이 나라 정부에서 발표하는 국토 면적은 국제 연합 자료보다 무려 35만 km^2나 넓다. 남한의 3배가 넘는 광대한 면적이 국경 불명의 상태인 것이다.
이것은 주민의 대부분이 영역이 확실하지 않은 유목 생활을 하는 베드윈족이기 때문이다.

노르웨이의 피오르를 길게 펼친다면 어떻게 될까?

노르웨이의 해안선이라고 하면, 빙하기에 깎여서 만들어진 좁고 길며 깊은 형태의 만인 피오르로 잘 알려져 있다. 모두 수백 개에 이르는 피오르와 반도들이 있어 그 복잡함은 세계적으로도 유례를 찾을 수 없을 정도이다.
이 해안선의 만과 반도를 빠짐없이 측정해 전체 길이를 계산하면 21,351 km나 된다. 직선으로 펼치면 지구를 반 바퀴나 돌 수 있는 길이이다.
이렇게 굴곡이 심한 지형이 탄생한 것은 자연의 마술이라고밖에 할 수 없다.

지도상으로도 그 복잡함을 확인할 수 있는 노르웨이의 피오르

한반도의 31배나 되는 아마존 강의 광대함

아마존 강의 규모는 일반인들의 상상을 훨씬 뛰어넘는다. 남미 대륙 북부의 9개 나라를 가로질러 열대 우림 속을 지나 대서양으로 들어가고 있는데, 그 발원지를 마라논 강으로 보면 6,300km, 우카야리 강으로 보면 6,570km에 달하는 길이이다.
유역 면적도 세계 최대인 약 705km²로 한반도의 31배에 해당한다.
물의 양도 엄청나 미시시피 강의 12배의 물이 흐른다.
하구 쪽으로 눈을 돌리면, 강폭이 서울에서부터 대구까지의 거리와 맞먹는 300km나 된다. 또 매초마다 17만 5,000톤의 물을 대서양으로 흘려 보내, 하구에서부터 400km 떨어진 곳까지 해수의 염도를 떨어뜨리고 있다.

상공에서는 식별 불능!? 정글로 뒤덮인 나라

남아메리카 대륙 북동부에 있는 가이아나는 국토의 대부분이 정글이다.
이 나라는 영국 연방의 자치령으로 독립 전까지는 영국령 기아나로 불렸다. 기아나란 습한 곳을 일컫는 말로, 비가 많이 오는 아열대 지방이기 때문에 붙여진 이름이다. 이 기아나를 영어로 읽은 것이 가이아나이다.
국토의 85%가 정글로 이루어져 있어 헤아릴 수 없을 만큼 많은 동·식물이 서식하고 있다.
사람이라곤 소수의 인디오들이 전부인데 71만 명의 인구 중 90%가 해안 평야에 거주한다. 정글을 배경으로 폭이 좁은 곳은 3.2km, 가장 넓은 곳이라야 48km 정도인 좁은 지역에 대부분의 사람들이 모여 살고 있는 것이다.

아마존 강 지류 중 하나인 네그로 강

국민의 대부분이 거주하는 가이아나의 수도 조지타운

세계 각지에 지중해가 8곳이나 있다는데 정말일까?

지중해는 유럽에만 있는 것이 아니다. 대륙으로 둘러싸인 내해 중에 비교적 큰 것을 보통명사인 지중해로 부른다. 유럽의 지중해는 세계에서 4번째로 큰 지중해이고, 더 큰 것으로 북극해가 있다. 좀처럼 알아차리기 어렵지만, 북아메리카 대륙과 그린란드, 유라시아 대륙으로 둘러싸인 북극해가 지중해이다. 그리고 오스트레일리아·아시아 지중해, 아메리카 지중해, 허드슨 만, 홍해, 발트해, 페르시아 만 등 세계에는 8개의 지중해가 있다.

말라카 해협의 항구 도시인 인도네시아 메단

그 원인으로 여겨진 것이 불완전한 해도였는데, 말레이시아·싱가포르를 지배했던 영국과, 인도네시아를 지배했던 네덜란드가 과거에 각각 만든 지도를 이어붙였기 때문에 오차가 생겼다는 것이다. 양국의 측량 단위가 달랐고, 또한 측량이 어려웠던 부분이 제대로 표시되지 않았던 것이다.

그래서 1969년부터 수정을 시작하였는데, 실제와 커다란 오차가 있었다는 것이 판명되었다. 남북 방향으로 40m, 동서 방향으로 400m나 잘못 표기된 섬도 있었다.

그 후 인공 위성 자료를 이용한 정확한 해도가 작성되었고, 항로도 안전해졌다.

파란 지중해가 내려다 보이는 이탈리아의 나폴리

지도가 원인이라고!? 사고 다발 지역 말라카 해협

말라카 해협은 북쪽으로 말레이시아와 싱가포르, 남쪽으로 인도네시아에 끼어 있는 해운의 요지이다. 그러나 일찍이 사고가 많이 나는 위험한 해협으로 공포의 대상이었다.

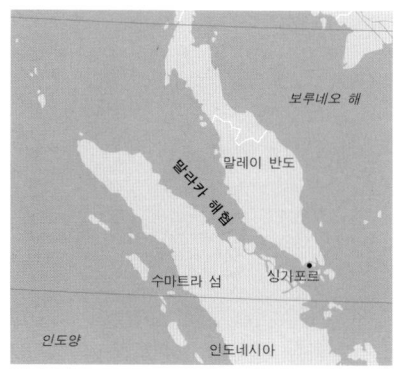

중동은 어디에서 어디까지인가?

일반적으로 중동은 동으로는 아프가니스탄, 이란에서부터 서로는 북아프리카 대서양 연안의 모로코, 모리타니까지, 북으로는 터키의 흑해 연안에서부터 남으로는 아라비아 반도 전역과 혹은 '아프리카의 뿔'이라고 불리는 수단, 사하라 지역까지 포함한다. 동경 75°~서경 15°, 북위 42°~3° 부근까지로 상당히 광범위한 지역이다.

가끔은 지중해의 키프로스, 아프리카의 소말리아, 지부티 등까지 포함할 때도 있고, 최근에는 구소련권인 이슬람계 국가들까지 중동의 일부로 보기도 한다.

해양(ocean)과 해(sea)는 무엇이 다를까?

해(sea)란 육지가 아닌 움푹 파인 곳에 물이 담겨진 것이 전체적으로 이어져 있는 것을 말한다. 해는 형상과 크기, 위치 등에 의해 구분되는데 그 가운데 가장 큰 것을 해양(ocean)이라 한다.

세계에는 태평양, 대서양, 인도양의 3대 해양(ocean)이 있다. 전 세계의 바다를 가리키는 7대 해라고 하면, 태평양과 대서양을 각각 남북으로 나누고 인도양과 남극해, 북극해를 더한 것이다.

다만, 해에는 사해와 카스피 해 같은 염수호도 포함된다. 육지로 둘러싸여 해양으로 흐를 길이 없는 바다도 있는 것이다.

남극 대륙은 도대체 누구 것인가?

남극 대륙은 일찍이 여러 나라로부터 주목을 받았다. 1959년 체결된 남극 조약은 조사와 보호를 목적으로 하고 있으며 핵폐기물의 투기와 핵 실험을 금지하는 한편 군사 활동에도 제약을 두었다.

이 조약을 체결한 12개 국가 중에서 광물 자원을 기대하는 나라들은 남극의 일부를 각국의 영토로 삼아, 자원 발견 시에는 채굴권을 주어야 한다고 주장하고 있다. 그러한 주장을 하고 있는 국가는 영국, 프랑스, 오스트레일리아, 뉴질랜드, 노르웨이, 아르헨티나, 칠레 등 7개국이다.

그러나 미국과 러시아는 이런 의견에 찬성하지 않는다. 앞으로 대규모의 자원이 남극에서 발견된다면 각국의 이해가 얽혀 심한 분쟁이 일어날 것은 뻔한 일이다.

각국의 국기가 서 있는 남극점 부근과 아문센·스콧 기지

에어스록(울루루)은 신들이 사는 바위라고 해서 태고적부터 숭배되어 왔다.

제3장
신비로운 지구의 메커니즘

지구는 움직이고 있다.
유구한 옛날부터 지금까지 끊임없이 변하고 있다.
대지는 융기하고, 암석은 침식되며, 모래는 기류에 실려 지표를 떠다닌다.
이처럼 살아 있는 지구를 보여 주는 현장이 여기에 있다.

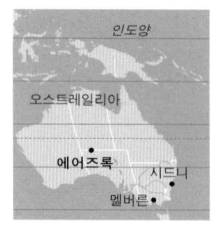

사막에 우뚝 솟은 에어스록도 산으로 둘러싸여 있었다!?

에어스록(Ayers Rock)은 오스트레일리아 대륙의 중앙부에 있는 사막 지대 한가운데에 솟아 있는 거대한 한 개의 바위이다. 높이는 350m이고 넓이는 4.8km²이다. 이것은 서울 월드컵 경기장(206m×243m) 100개와 맞먹는 크기이므로 얼마나 거대한 바위인지 이해할 수 있을 것이다.

실제로 현지를 방문한 관광객들은 햇빛을 반사해서 새빨갛게 타오르는 에어스록의 위용에 숨을 죽인다. 원주민인 어보리진들이 신이 사는 바위 '울루루'로 숭배해 왔다는 것이 실감날 정도로 신성함마저 느껴진다.

그런데 어떻게 에어스록이 광대하고 평탄한 사막 지대에 서 있는 것일까? 그리고 새빨갛게 물드는 이유는 무엇일까?

그것은 6억 년 전, 아직 오스트레일리아 대륙이 아프리카 및 남아메리카 대륙과 이어져 있었던 시대의 일이다. 당시 에어스록 주변의 사막 지대는 내륙성 바다였다. 이 바다에 모래가 퇴적되면서 사암을 형성하였다. 이윽고 지각 변동의 영향을 받아서 사암은 융기를 하였고 산맥을 형성해 갔다. 에어스록은 독립되어 생성된 것이 아니라 산맥에 연결되어 있었던 것이다.

하지만 사암은 비바람에 침식되어 파괴되기 쉬운 암석이다. 수억 년의 세월이 흐르면서 산맥은 깎여 서서히 사막화되어 갔다. 그런 가운데 단단한 사암 덩어리였던 에어스록만이 침식되지 않고 지금에 이르게 되었다. 말하자면 에어스록은 고대 산맥의 생존자인 셈이다.

이 에어스록이 새빨갛게 보이는 것은 사암에 섞여 있는 철분이 햇빛에 반사되기 때문인데 마치 지구의 신비를 표현하고 있는 듯하다.

사람도 한 입에 삼키는 세계에서 가장 큰 도마뱀

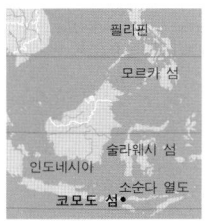

　대자연의 신비는 인간의 손이 닿지 않은 대지에서 탄생한다. 기나긴 세월 동안 인간의 발길이 닿지 않은 곳에서 식물이 자라고, 그 식물을 먹이로 하는 동물이 생겨난다. 이처럼 인간이 통제할 수 없는 대자연의 흐름 앞에 인간은 너무도 나약한 존재임을 깨닫는다. 이러한 곳을 견학하는 것은 세계 지도를 보는 것만으로는 느낄 수 없는 여행의 즐거움 가운데 하나이다.

　예를 들면, 인도네시아 발리 섬에서 동쪽으로 약 500km 떨어진 인도양 상에 위치한 코모도 섬에는 지도만 보고는 상상할 수 없는 생태계가 존재한다. 그 대표적인 것이 세계에서 가장 큰 도마뱀인 코모도왕도마뱀이다.

　지금까지 포획된 코모도왕도마뱀 중에서 가장 큰 것은 몸길이 3.13m, 몸무게 166kg인데 섬 안에는 이보다 더 큰 것도 있을 것으로 여겨진다. 사슴이나 돼지, 물소 등을 꿀꺽 먹어 치우는 육식 동물로서, 인간을 한입에 삼키는 것도 가능하다.

　이런 코모도왕도마뱀이지만, 1억 3000년 전에 번성했던 공룡 모사사우르스의 후손이라는 점도 있고 하여 영화 '쥬라기 공원'과 유사한 세계를 체험해 보고자 하는 외국인 관광객들이 연간 1만 명을 넘고 있다.

　관광 수입은 귀중한 재원이기 때문에 섬주민들도 지금까지 보호해 왔던 코모도왕도마뱀에게 먹이 주는 장면을 볼거리에 추가하였다. 그러나 사람의 보살핌을 받게 되면 야성이 사라지게 된다고 하는 지적을 받아, 먹이주는 회수를 줄이는 등의 조치가 마련되고 있다.

　역시 자연의 신비와 인간의 공생은 미묘하고 어려운 문제이다.

(위) 코모도왕도마뱀은 평소에는 온순한 성격을 보이며 주로 낮에 활동한다.
(아래) 코모도 섬에서는 코모도왕도마뱀을 '오라'라고 부르며 인간과 조상이 같다고 여긴다.

코모도왕도마뱀은 아침 6시경부터 11시경 사이에 활발하게 움직인다

사우디아라비아의 석유 채굴 풍경

고갈된다면서도 계속 나오고 있는 세계의 석유는 정말로 고갈될까?

공업화와 생활 수준의 향상을 촉진하는 역할을 하는 에너지를 꼽는다면 바로 석유이다. 석유 이권을 가진 나라가 세계 경제를 뒤흔드는 힘을 갖고 있다고 할 만큼 석유는 대지로부터 얻는 중요한 산물이다.

아무리 채굴을 해도 수요가 끊이지 않는 석유지만, 그 매장량이 무진장하지는 않다. 실제로 1960년대에 "이대로 가면 30년 후에는 석유가 고갈된다."라는 경고가 나와 전 세계가 공포에 휩싸이기도 했는데 이것은 세계 각국에서 원자력 발전을 시작하고, 대체 에너지 개발을 서두르는 계기가 되었다.

그런데 아직까지도 석유는 고갈되지 않고 계속 생산되고 있다. 오히려 석유 매장량을 연간 생산량으로 나누어서 계산해 내는 가채년수가 매년 증가하고 있다. 연간 생산량이 준 것도 아닌데 가채년수가 증가한다는 것은 새로운 석유가 계속해서 발견되고 있음을 의미한다.

그렇다고 해서 석유의 양이 무한하다고 생각해서는 안 된다. 석유의 매장량에 한계가 있다는 것은 움직일 수 없는 사실이다. 다만 앞으로 몇 년 후에 석유가 고갈될지를 계산하기가 어려운 것뿐이다. 왜냐하면 각 산유국의 매장량 데이터는 국가 기밀이라 진짜 매장량을 알아 내는 것이 불가능하기 때문이다.

이것은 그만큼 석유가 국가의 힘을 좌우하는 천연 자원이라는 의미이기도 하다. 따라서 지도에 석유 산출국의 분포를 표시해 보면 향후 세계의 움직임도 예상할 수 있을지 모른다.

70°C는 대체 어느 정도의 더위일까?

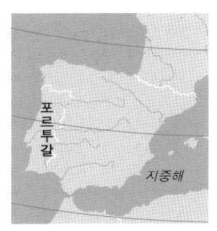

　환경 파괴에 의한 지구 온난화 현상이 화제가 되고 있는데 세계 각지에서 지금까지 기록된 최고 기온은 어느 정도까지 올라갔을까? 한국에서는 1942년 8월 1일 대구에서 관측된 40.0°C가 최고 기록이다.

　그러나 세계적으로 보면, 1922년 9월 13일에 페르시아 만 근처 이라크 동남부의 도시 바스라에서 58.8°C를 기록한 것을 필두로 1921년 7월 8일 리비아의 아지지아라는 곳에서 57.8°C, 1913년 7월 10일 미국 캘리포니아 주의 데스밸리에서 56.6°C 등을 기록하고 있다. 이들은 국제적으로 정해진 관측 조건에 의하여 기록된 온도이다.

　그런데 정식으로 인정되진 않았지만 포르투갈의 중부 연안 지방에서는 돌발적으로 불어 온 열기에 의해 갑자기 기온이 올라가 70°C를 기록한 적이 있다고 한다. 7월의 어느 여름날이었다고 하는데 평상시에는 그렇게 덥지 않던 도시에 화염 같은 열풍이 약 2분 간 불었다는 것이다.

　70°C의 기온 속에서 과연 사람이 살 수 있을까? 당시의 뉴스에 의하면 거리에 나와 있던 사람들은 길바닥에 쓰러지고, 하천은 순식간에 바짝 말라 버렸다고 한다.

　70°C의 열기 속에서는 인간은 물론이고 세상의 어떤 생물도 살 수 없을 것이다. 아직까지 이 열풍의 원인은 밝혀지지 않고 있는데, 고온을 발생시키는 일반적인 원인으로 알려진 푄 현상에 의한 것은 아니라고 한다.

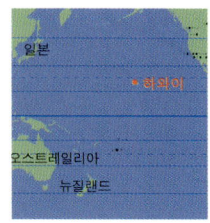

'상하의 섬' 하와이를 자동차로 갈 수 있는 날이 온다!?

하와이는 일본인들의 해외 여행지로 가장 인기가 높은 곳이다. 상하(常夏)의 이미지가 물씬 풍기는 낙원이다. 그런데 지질학자들 사이에는 하와이가 일본과 가까워지는 사태가 발생하는 날이 다가올 것이라고 하는 충격적인 사건이 진지하게 이야기되고 있다. 물론 일본인 관광객들이 대거 몰려들어 하와이가 일본인촌으로 변하는 사태를 예상한 것은 아니다. 하와이 열도가 일본 열도의 바로 옆까지 이동해 올 가능성을 말하는 것이다.

실제로 현재 하와이 제도를 비롯한 태평양의 섬들이 일본 쪽으로 이동해 가고 있다는 관측 자료가 있다. 이동 거리는 1년에 약 6~8cm 정도라고 하므로, 수년 안에 하와이 제도가 일본에 접근하는 것은 아니지만 접근하고 있다는 사실만은 분명하다.

왜 하와이가 일본으로 다가가고 있는가는 판구조론으로 설명된다. 간단히 말하면, 하와이 제도나 일본 열도는 태평양판이라고 하는 같은 컨베이어벨트 위에 놓여 있는 섬으로, 바다 밑바닥 깊숙한 곳에 있는 열점(hot spot)에서 대량의 열과 마그마가 지표로 분출함으로써 탄생하였다. 열점은 수십만 년에서 수백만 년을 간격으로 지상에 새로운 화산섬을 만들어 놓는데, 그 때마다 이전에 만들어진 섬들은 물건들이 컨베이어벨트 위에서 움직이는 것처럼 판 위를 이동하는 것이다.

직접 눈으로 볼 수 있는 것은 아니지만, 일본 근해와 하와이 제도 사이에는 황제해산군(皇帝海山群)이라 불리는 심해의 산들이 규칙적으로 이어져 있다고 한다. 하와이가 자동차로 수십 분 안에 갈 수 있을 만큼 가까워져도 지금처럼 인기 1위의 여행지 자리를 지킬 수 있을지 궁금하다.

매년 수많은 외국 관광객이 몰려드는 하와이 오아후 섬

활화산임을 한눈에 보여 주는 하와이 섬의 지표

타이가 지대의 도시 이르쿠츠크의 교외

툰드라와 타이가는 도대체 어떤 곳?

북반구 중에서도 북단에 위치하는 지역을 설명한 글을 읽고 있으면, 툰드라나 타이가라고 하는 지역을 가리키는 이름이 나온다. 이들 지역이 극한의 땅이라는 것은 이해하지만, 현실감이 없는 관계로 툰드라와 타이가의 차이를 파악하지 못하는 사람들이 의외로 많다.

툰드라 지대는 유라시아 대륙에서 북아메리카 대륙에 걸쳐 북극해와 맞닿아 있는 지역이다. 그 폭은 시베리아 대륙성 기후의 영향으로 동쪽으로 갈수록 넓어지며, 영하 20℃~영하 34℃는 보통일 정도로 매우 춥다. 또한 가장 남쪽에 위치한 곳도 7월의 기온이 10℃를 넘지 않는다. 의외로 눈이나 비의 양은 적지만, 강한 추위 때문에 지표면만 여름철에 잠깐 녹고 그 아래쪽은 일 년 내내 녹지 않는 영구 동토층이다. 당연히 수목은 자라지 못하고 지의류와 선태류가 자랄 뿐이다. 따라서 사람이 살 수 있는 곳도 극히 한정되어 있다.

한편 타이가 지대는 툰드라 지대의 남쪽 일대라고 생각하면 된다. 남쪽으로 내려온 만큼 툰드라 지대보다 기온이 높다고는 하지만, 이 곳 역시 1월의 평균 기온이 서부는 영하 10℃, 동부는 영하 45℃로 혹독한 기상 조건을 갖추고 있다. 그러나 낙엽송 등의 침엽수가 자라 삼림이 형성되어 있기 때문에 툰드라 지대와는 풍경이 전혀 다르다.

이 두 지대의 공통점은 인간이 생활을 영위하기 위해서는 추위에 대응하는 지혜와 인내가 반드시 필요한 곳이라는 점이다. 토양이 비옥하지 않아서 농경 생활도 활발하지 않기 때문에 바다표범이나 순록 같은 서식 동물을 포획해서 고기는 식량으로 쓰고, 모피로는 방한 장비를 만드는 생활이 주류를 이루고 있다.

가까이 있으면서도 호수면의 색이 각기 다른 수수께끼의 삼색호

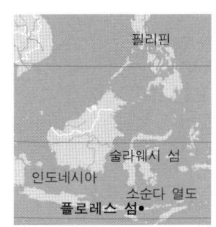

아직 관광지로서는 잘 알려지지 않았어도 신비한 지구의 메커니즘을 알 수 있게 해 주는 장소는 많다. 인도네시아의 플로레스 섬에 솟아 있는 클리무투 산의 화구호를 내려다보면 바로 실감할 수 있다.

여러 섬들을 거느린 인도네시아의 중부, 소순다 열도의 중앙에 위치한 플로레스 섬은 동서로 약 300km에 달하는 길다란 섬이다. 1992년 12월 진도 7.5의 대지진이 일어나 심각한 피해를 입었지만, 다행히 섬은 순조롭게 복구되어 활기를 되찾아 가고 있다.

플로레스 섬이 가진 매력은 아직 관광지로서 본격 개발되지 않아서 사람의 손길이 닿지 않은 자연을 만날 수 있다는 점이다. 특히 섬을 방문한다면 꼭 찾고 싶은 장소가 있는데 바로 섬 한가운데 솟아 있는 활화산 클리무투이다.

산기슭을 출발하여 정상 부근까지 가는 버스를 타면 1시간이 걸린다. 버스 종점에서 화산 정상까지 이어지는 계단을 올라가면 3개의 화구호가 눈앞에 펼쳐진다. 신기하게도 이 3개의 화구호는 모두 다른 색을 띠고 있다. 전망대의 남동쪽에 있는 호수는 암녹색, 북쪽의 호수는 흰색, 그리고 전망대 서쪽에 있는 호수는 검정색의 호면이 펼쳐진다. 가까이 있으면서도 전혀 다른 색깔의 호수가 펼쳐져 있는 풍경은 어딘지 모르게 신비한 분위기가 넘친다. 함유하고 있는 광물에 따라 색이 다른 것이라고 하는데, 20년 전에는 암녹색의 호수는 빨간색, 흰색은 파란색, 검정색은 흰색의 호수였다고 한다. 색이 변한 이유는 아직 베일에 싸여 있다. 지구의 신비함에 그저 감탄할 따름이다.

지금도 여전히 사람의 손길이 닿지 않은 자연이 남아 있는 인도네시아의 플로레스 섬

암녹색의 신비한 색조를 띠는 호수

전망대 서쪽에 위치한 검은색 호수

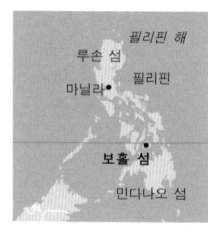

갈색의 야트막한 언덕이 1,000여 개나 이어진 작은 섬은?

 해양 휴양지로서 인기가 높은 장소의 하나로 필리핀의 세부 섬이 있다. 이제부터 세부 섬을 방문하려는 사람에게는 해안에서 푹 쉬는 것도 좋지만 하루만이라도 바로 옆에 있는 보홀 섬을 둘러보라고 권하고 싶다.

 7,000개 이상의 섬들로 이루어진 필리핀에서도 보홀 섬은 그 크기가 10번째로 큰 섬이다. 이 섬의 중앙부에 가면 신비로운 지구의 일면을 목격할 수 있다.

 그것은 높이 30~40m 정도 되는 원추형의 언덕들이 계속 이어져 있는 진기한 풍경이다. 이들 언덕의 수는 1,000개가 넘는다. 마치 스키의 모굴(mogul) 경기에서 인공으로 만들어 놓은 굴곡이 그대로 넓게 펼쳐진 듯한 인상을 받을지도 모른다.

 이 이상한 언덕들에는 초콜릿 힐이라는 이름이 붙어 있다. 일 년 중 가장 더운 4~6월 사이에 산을 덮고 있는 치가야라는 풀이 녹색에서 갈색으로 변하여 주변 일대를 초콜릿색으로 모두 채우기 때문에 유래된 명칭이다.

 문제는 어떻게 이런 지형이 형성되었는가 하는 점이다. 많은 지질학자들이 현장을 방문해 연구를 계속해 왔지만, 진상은 여전히 오리무중이다. 언덕 정상에서 수많은 조개 껍데기가 발견된 것 때문에 옛날에는 해저였다고 추측되고 있는데, 해저 화산의 분화에 의해 형성된 석회암층이 독특하게 풍화된 것이라는 등 여러 가지 설이 분분하다.

 이 곳 주민들 사이에서는 거인들이 서로 돌을 던지며 싸웠던 흔적이라든가, 실연한 청년의 눈물이 언덕을 만들었다는 로맨틱한 전설도 전해지고 있다.

보름달이 뜨면 바다로부터 대역류가 일어나는 강

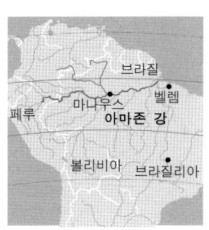

달이 차고 이지러지는 것은 고대로부터 자연의 변화를 알리는 나침반 같은 존재였다. 하이테크 시대를 맞이한 오늘날에는 이러한 달의 움직임을 가볍게 보기 쉽지만 그 중요성을 다시 한번 확인시켜 주는 현상이 세계의 큰 하천에서 여전히 일어난다. 예를 들면, 보름날 밤 양쯔 강이나 아마존 강에서 일어나는 조수 해일과 같은 현상이다.

보통 상류에서 하류로 흘러 바다로 들어가는 큰 하천의 흐름이 역전되는 이 현상은 매년 추석 대보름달이 뜨는 만조 때 일어난다.

만조가 되면 해수면 수위가 높아져 하구로 흘러 가는 강물의 흐름과 충돌하게 된다. 평소에는 강물의 흐름이 해수면의 높이를 능가하지만, 보름날 밤에는 만조의 위세가 강해 해수면의 높이가 하구의 수위를 웃도는 순간이 온다. 그렇게 되면 해수가 강의 흐름을 덮치듯이 덤벼들어 대역류가 시작되는 것이다.

강폭이 좁은 곳일수록 해변에 밀려왔다가 부딪쳐 되돌아가는 파랑의 에너지가 커지기 때문에 파도는 높아지고 역류하는 흐름은 더욱 빨라진다. 큰 조수 해일의 경우에는 높이가 7.5m, 시속 27km에 달하므로, 사람은 물론이고 집도 휩쓸어 버릴 정도의 힘을 가지고 있는 것이다.

아마존 강 유역에서는 이 현상을 '포로로카'라고 부른다. 이 말은 원주민 어로 가옥 파괴를 의미하는데 실제로 대재해로 발전했던 역사가 있다. 중국에서는 '해소(海嘯)'라고 부르는데 한나라 때에는 찹쌀 접착제로 제방을 쌓아 이에 대비하는 한편, 옷을 차려입고 해소를 구경하는 '관월관조(觀月觀潮)'라는 행사가 정착되었다고 하니 흥미롭다.

가늘고 긴 강줄기가 육지를 침식하고 있는 아마존 강. 아마존 강의 포로로카는 시속 수십 km에 달하기도 한다.

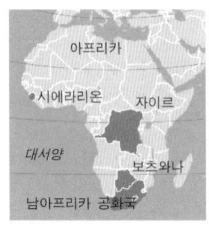

아프리카 대륙이 다이아몬드의 보고라고 불리는 이유

아름다운 빛을 발하는 돌로서 여인들의 동경의 대상이 되고 있는 것이 다이아몬드이다. 결혼 반지 등 기념 반지는 역시 다이아몬드라고 하는 여성이 많은 것도 무리는 아닌 것 같다.

다이아몬드는 유라시아 대륙에서는 러시아와 중국, 인도네시아, 남아메리카에서는 브라질과 베네수엘라, 그리고 오스트레일리아에서도 채광되고 있지만, 최대의 원산지는 역시 아프리카 대륙에 있는 나라들이다. 남아프리카 공화국과 자이르, 보츠와나 등이 다이아몬드의 보고로서 유명한데, 최근에는 서아프리카의 시에라리온에서도 질 좋은 다이아몬드가 생산되고 있다.

왜 다이아몬드는 아프리카 대륙에서 많이 산출되고 있는 것일까? 그 이유는 1억 8,000만 년 전 아프리카 대륙이 현재의 오스트레일리아 대륙과 남아메리카 대륙, 남극 대륙 등과 하나의 땅덩어리로 곤드와나 대륙을 형성하고 있던 시대에 그 힌트가 숨겨져 있다.

다이아몬드의 모암으로 알려진 것은 지하 깊숙한 곳에 숨어있는 흑청색의 킴벌라이트이다. 곤드와나 대륙이 분열하여 아프리카 대륙을 형성할 때 내부에 발생한 틈새의 급격한 압력 변화로 킴벌라이트가 지표 가까이까지 급상승한 결과 지금처럼 인간의 손으로 채굴할 수 있게 된 것이다.

원래 킴벌라이트가 매장되어 있던 곳은 25억 년 전에 생긴 오래 된 암석층이라고 한다. 만약 대륙의 분열이 없었다면, 인류는 눈부신 광채를 자랑하는 다이아몬드를 만날 수 없었을 것이다.

자연 발생한 산불을 '방치'하는 미국과 오스트레일리아

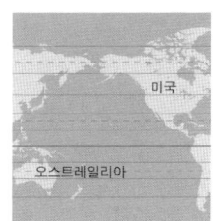

텔레비전에서 방영되는 세계의 뉴스 속에 가끔 산불 뉴스가 전해진다. 진화에 애쓰는 소방대원들의 모습이 클로즈업될 때도 있지만, 인명 피해를 일으키지 않는 자연 발생 산불은 그대로 방치한다는 방침을 고수하는 나라도 있다. 반대 의견도 있지만, 미국과 오스트레일리아의 자연 공원 등에서 이런 방침을 채택하고 있다. 오스트레일리아에서는 이러한 산불을 '부시 화이어(bush fire)'라고 부른다.

자연 발생 산불은 번개 등이 원인인데 이로 인해 동식물의 생태계에 큰 변화가 생긴다. 이제까지 큰 나무들에 가려 햇빛을 받을 수 없었던 식물들은 산불로 인해 주위의 나무들이 없어지므로 햇빛을 직접 받을 수 있게 된다. 그 결과, 지금까지 생육이 이루어지지 않았던 장소에서도 새 생명을 받아들이게 된다. 그리고 이런 식물들을 먹이로 하는 동물들도 발생하기 때문에 산불이 나기 전과는 다른 생태계가 탄생하는 것이다. 결국 자연의 변화를 존중하자는 것이 산불 방치의 이유인 것이다. 즉 산불은 자연이 행하는 화전 농업과 같은 맥락이다.

한번 불에 타더라도 다시 살아나는 식물이 있기 때문에 생태계는 계속해서 변화해 간다. 이러한 식물 중에 대표적인 것이 유칼리나무라고 할 수 있다. 이 유칼리나무는 특수한 진액을 함유한 나무껍질에 싸여 있기 때문에 타오르는 불길 속에서도 죽지 않고 살아남을 수 있다. 그래서 모두가 타버린 자리에서도 새롭게 싹을 틔울 수 있는 것이다. 이 밖에도 산불을 적극적으로 이용하는 식물은 많은데, 이러한 연구 결과가 산불 방치라는 방침으로 이어진 것이다.

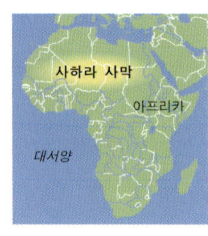

사하라 사막이 점점 확대되고 있다!?

가도 가도 눈에 들어오는 것은 황량한 사막 풍경뿐. 이런 표현이 딱 어울리는 곳이 바로 북아프리카에 있는 세계 최대의 사막 사하라이다.

지도를 펼쳐 보아도 사하라 사막이 아프리카 땅을 압도적으로 지배하고 있음을 한눈에 알 수 있다. 그렇지만 세계 최대라는 칭호에 만족하지 못하는 것일까? 사하라 사막은 지금도 그 크기를 넓혀 가고 있다. 주변의 녹지를 사막화시키고 있다는 보고가 이러한 사실을 뒷받침해 준다.

원인은 자연적으로 그렇게 된 것이 아니라 인간이 관련되어 있다는 설이 유력하다. 사람들이 얼마 남지 않은 녹지를 생활 거점으로 삼아 나무를 벌채하거나 황무지를 개간하고 가축을 기르기 때문에, 녹지가 사라져 생물이 살아갈 수 없는 사막화가 촉진되고 있다는 것이다. 샘물이 솟는 곳이 발견되어도 인간과 가축이 집중적으로 이용해 버리기 때문에 마침내 물이 고갈되고, 그 곳을 중심으로 주변 지역이 불모지가 되어 버린다.

이처럼 인간의 거주 지역을 빼앗아 가는 사하라 사막의 모래 먼지가 다른 지역에는 오히려 혜택을 가져다 준다는 사실은 잘 알려져 있지 않다. 실제로 연간 2억 5,000만 톤 정도 되는 사하라 사막의 모래 먼지가 동풍에 실려 대서양을 건너간다고 한다. 그 중 2,500만 톤~5,000만 톤의 모래 먼지가 매년 서인도 제도와 남·북아메리카 대륙까지 도달한다. 그런데 이 모래 먼지 속에는 철분과 칼륨, 망간 등이 포함되어 있기 때문에 모래 먼지가 떨어진 곳의 토양은 비옥해지게 된다. 이왕이면 아프리카의 땅을 비옥하게 해 주길 바라는 사하라 원주민들의 원성이 들려올 것만 같은 이야기이다.

오스트레일리아 산 유대동물인 웜뱃(wombat)은 산불을 피하기 위해 땅속에 구멍을 파고 생활하게 되었다고 한다.

낙타를 이용한 대상 무역이 사하라 문화를 발전시켰다.

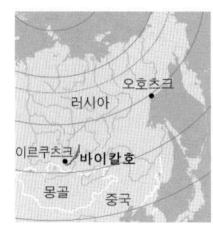

바다 생물인 바다표범이 담수호인 바이칼 호에 사는 까닭

러시아 연방의 시베리아 남부에 펼쳐진 호수 하면 우리에게도 친근한 바이칼 호가 떠오른다. 러시아에서도 수많은 시와 민화의 무대였으며, 일본에 전해진 러시아 민요에도 가끔 등장하는 호수이다.

호수는 초승달 모양으로 늘어져 있고 길이는 636km, 최대 폭은 79km로 꽤 넓은 축에 속한다. 호수의 최고 수심은 1,620m 혹은 1,742m라고 하는데, 수심이 세계 1, 2위를 다투면서도 물이 맑아 40m 속까지 보인다고 하니 얼마나 깨끗한 호수인지 알 수 있다.

바이칼 호에는 이 호수 특유의 생물들이 많은데 약 1,600종의 생물 중 절반이 넘는 900종이 바이칼 호에서만 서식하는 생물이라고 한다. 그 중에서도 진귀한 것이 바다표범의 일종인 바이칼바다표범이다. 호수의 북부를 중심으로 3만 마리 정도가 서식하는 것으로 알려져 있으며, 보통의 바다표범보다 몸길이는 2분의 1(1.2~1.3m), 몸무게는 10분의 1(50~60kg) 정도인 작은 바다표범이다.

왜 바이칼 호의 바다표범이 진귀한가 하면, 원래는 바다에서 서식하는 동물인 바다표범이 담수호에서 살고 있기 때문이다. 조개류나 연어도 마찬가지이다.

약 200만 년 전까지는 바이칼 호가 바다였기 때문에 본래 담수에 서식하지 않는 바다표범 등이 살게 되었다는 설이 있는가 하면, 바이칼 호는 원래부터 호수였다고 하는 반론도 있다. 러시아의 학자들 사이에서도 그 이유는 아직까지 풀리지 않은 숙제로 남아 있다.

회귀선을 따라 사막이 이루어진 데에는 그만한 까닭이 있다!?

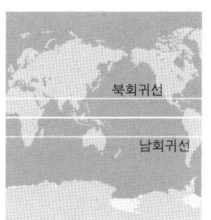

세계 지도를 보면서 아직 가 보지 못한 곳을 상상해 보는 것은 여행을 좋아하는 사람들에게는 즐거운 일이다. 지도에서는 땅의 높낮이를 초록색은 평야, 고지대는 갈색 등과 같이 색깔로 표현하기 때문에 상상에 도움이 된다. 이러한 내용을 세밀하게 정리해 가다 보면 여러 가지 의문들이 머리 속에 떠오른다.

예를 들면 회귀선과의 관련성이다. 회귀선은 지구의 북위와 남위 각각 23° 27′에 그어진 선을 말한다. 바로 태양 광선이 지표에 수직으로 닿는 곳을 이어놓은 선이다. 이 회귀선 주변을 세계 지도에서 보고 있으면, 왠지 사막 지대가 집중되어 있다는 것을 눈치채게 된다.

이것은 우연히 그렇게 배치된 것이 아니라, 대기의 흐름이 가져온 결과가 반영된 것이다. 회귀선 부근에 사막이 많은 이유는 다음과 같다.

따뜻해진 적도 부근의 공기는 상승하여 10km 정도의 상공에 있는 대류권과 성층권 근처(대류권계면)에서 남북으로 갈라져 이동한다. 이 공기가 남·북회귀선 부근에서 하강하면서 일부는 다시 방향을 바꿔 적도로 돌아온다. 그렇다. 대기는 순환하고 있는 것이다.

적도 부근처럼 공기가 상승하고 있는 부근에서는 저기압이 되고, 그 결과 지표에는 비가 많이 내리게 된다. 반대로 회귀선 부근처럼 공기가 하강하는 일대는 고기압이 되기 쉽고, 지표는 비가 내리지 않는 건조한 환경이 조성된다.

이러한 대기의 영향을 받아 회귀선 부근은 비가 내리지 않는 건조 기후가 되고, 이 때문에 식생이 부족한 사막이 되기 쉬운 것이다.

바이칼 호. 바이칼은 현지어로 '사냥감이 풍부한 땅'이라는 의미이다.

오스트레일리아의 중앙부에 펼쳐진 그레이트빅토리아 사막을 달리는 인디언퍼시픽 열차

사하라 사막은 아프리카 대륙 북부의 대부분을 차지하고 있다.

칼럼 *세계 지도의 뒷모습 3*

태곳적 지구를 찾는다!!

본디 지구의 대륙은 하나였다!?

지도에서 남미의 동쪽 해안선과 아프리카의 서쪽 해안선, 오스트레일리아의 북쪽과 뉴기니 섬의 남쪽 등을 살펴보고 있으면 뭔가 느껴지는 것이 없는가?

이러한 사실로부터 각각의 대륙을 퍼즐처럼 짜맞추어 원래 대륙은 하나의 거대한 덩어리가 아니었을까 하고 생각한 사람이 독일의 지구 물리학자 베게너이다. 그래서 그가 주장한 것이 바로 대륙 이동설이다.

지금으로부터 약 3억 년 전쯤에 지구상에는 판게아라고 불리는 하나의 거대한 대륙이 있었고, 이것이 오랜 시간에 걸쳐 서서히 분리되어 지금의 대륙들이 되었다는 주장이다.

그리고 이 설과는 반대로, 대륙은 붙었다 떨어졌다를 반복하기 때문에 2억 5천만 년 후에는 다시 하나의 거대한 대륙이 될 것이라는 주장도 있다.

실제 지구는 찌그러져 있다!?

'지구는 동그란 공이다.'라고 모든 사람들이 생각할지 모르지만, 실제는 그렇지 않다.

이것을 알아 낸 사람은 그 유명한 물리학자 뉴턴으로, 그는 지구의 자전으로 생긴 원심력과 중력 때문에 지구의 남북쪽보다 적도 부근이 불룩할 거라고 생각했다. 결국 공보다는 조금 찌그러진 타원형이라는 것이다.

그러면 어느 정도 찌그러져 있을까? 사실 납작할 정도로 찌그러진 것은 아니다. 지구의 중심에서 남·북극까지의 거리보다 적도의 거리가 20km 정도 더 길 뿐이다.

뉴턴 이래로 지구 측량을 위한 여러 가지 노력들이 있어 왔지만, 실제로 지구가 동그랗지 않다는 사실이 밝혀진 것은 인텔셋 등의 인공 위성이 날기 시작한 20세기 후반의 일이다.

정말 아프리카가 둘로 갈라질까?

지진은 대륙을 형성하는 판이 어긋났을 때 일어나는 현상이다. 다시 말해 이것은 지구 내부에서는 아직도 활동이 계속되고 있다는 것을 의미한다.

아프리카에는 지구가 움직이고 있다는 확실한 증거가 있다. 아프리카 대륙의 동부에 있는 대지구대가 그것이다.

길이가 4,000km에 달하는 이 거대한 지구대는 에티오피아에서 모잠비크까지 이어져 있는데 이것이 양쪽으로 갈라지면 머지않아 이 곳은 바다가 될 것이라고 한다.

이 대지구대가 있는 지역에는 염분이 함유된 호수가 많기 때문에 예전에 이 곳은 바다였을 가능성이 높다. 요컨대 이 지구대는 대륙 이동에 의해 생긴 흔적이고, 다시 원래대로 갈라지기 시작한 것 같다. 이 움직임은 멀리 아라비아 반도까지 이어지고 있다고 한다.

빙하기는 다시 올까?

거대한 동물 공룡을 멸종시킨 원인의 하나로 빙하기가 거론되고 있다. 과거에 여러 차례 빙하기를 맞았던 지구에 다시 빙하기가 찾아올 것인가?

미래 예측 가운데 가장 유력한 설이 세르비아 학자인 밀란코비치의 주장이다.

그는 지구의 자전과 공전, 지구가 태양을 도는 타원 궤도의 뒤틀림 등 때문에 지구가 태양으로부터 받는 에너지의 양이 주기적으로 변한다는 것을 밝혀 냈다.

이 데이터는 그 후 1970년대에 와서 해저의 퇴적물들로부터 얻어 낸 연구 결과와 놀라울 만큼 일치함으로써, 밀란코비치의 이론이 정확하다는 것을 증명해 주었다.

그리고 앞으로 지구에 찾아올 빙하기는 수천 년 후라고 한다.

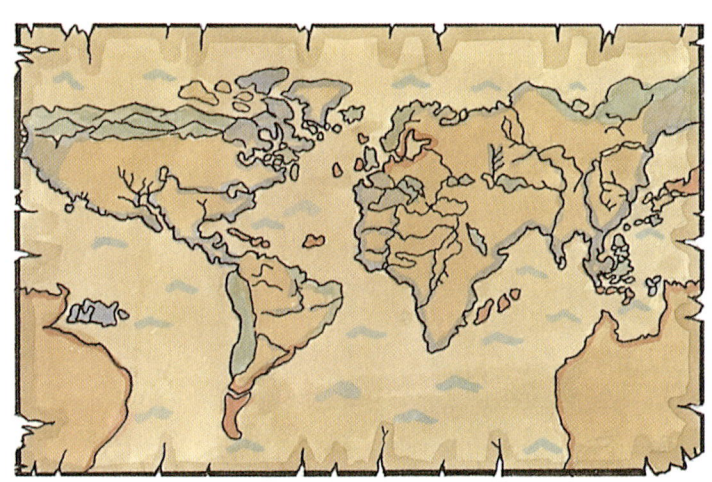

지도 자세히 읽기 ②

알려지지 않은
지명의 뒷이야기

지명은 그냥 단순히 붙여진 것에서부터 역사를 가진 것까지
그 유래가 제 각각이다.
왜 그런 이름이 붙었는지 그 과정을 거슬러 올라가다 보면
생각지도 못한 이야기와 우연히 만나게 된다.

너무나 기묘한 지명의 유래

싱가포르를 상징하는 조각품인 멀라이언

불가리아의 도시 네세바르에 인접한 흑해

사자와 호랑이를 분간 못 해서 싱가포르가 됐다!?

싱가포르라는 지명은 산스크리트 어의 사자(Shingha)와 마을(Pura)이 합쳐져 만들어졌다고 한다. 즉 '사자의 마을'이라는 뜻이다.

이 지역의 역사를 전하는 '스자라 무라유'에는 산 니라 우타마라고 하는 전설 속의 인물이 섬에 상륙해서 어떤 동물을 만난 데서 유래한다고 쓰여 있다. 그 동물을 그가 길조로 여기는 사자라고 여겨 '사자의 마을'이라 이름붙였다는 것이다. 그렇지만 섬에 사자가 살았다는 증거는 없으므로 호랑이를 잘못 본 것이라고 한다.

한편 1025년 동인도 촐라 왕조의 왕이 이름을 붙였다는 설과, 동남 아시아에서 번영했던 마자파히트 왕국에 속한 마을이 그렇게 불렸다고 하는 설 등도 있다.

흑해, 홍해, 황해, 백해는 정말 그런 색일까?

세계의 바다 중에는 이름에 색이 들어 있는 것들이 있다. 백·흑·황색 같은 다양한 색인데 이것은 과연 바다의 색깔에서 나온 이름일까?

유럽의 내해인 흑해는 맑은 날에 아름다운 푸른 색이 된다. 그러나 흐리고 안개낀 날이 많기 때문에 '거친 바다'라는 의미에서 흑해라는 이름이 붙었다고 한다.

아프리카 대륙과 아라비아 반도 사이에 있는 홍해도 조류가 번식할 때에 바닷물이 붉게 보인다고 하지만 과학적인 근거는 없다.

이와 달리 중국과 우리 나라 사이의 황해와 러시아 북서부의 백해는 바닷물의 색깔과 관계가 있다. 황해는 누런 강물을 유입시키는 황하의 영향으로 바닷물이 황색으로 탁해져 있고, 백해는 연안 부근이 결빙되어 있어서 하얗게 보인다.

새가 아니라 개의 이름에서 유래한 카나리아 제도

카나리아 제도는 대서양의 모로코 앞바다에서 약 500km 정도 떨어진 곳에 위치한 화산 군도이다. 7개의 주요 섬 외에도 수많은 작은 섬들이 있으며 현재는 에스파냐령이다. 이 카나리아 제도는 카나리아 새의 원산지이긴 하지만 처음부터 새의 이름에서 지명이 유래된 것은 아니다.
이 섬들의 존재가 알려지게 된 고대 로마 시대에는 무릇 행운의 제도라고 불렸다. 그런데 박물학자인 플리니우스가 수많은 들개가 서식할 거라고 상상한 것 때문에 카나리아라는 이름이 붙게 되었다. 라틴 어에서 '개'를 가리키는 카니스란 말에서 따와 '개의 섬'이란 뜻으로 카나리아라고 지었다고 한다. 그래서 이 곳에 살고 있던 새가 카나리아라고 불려지게 된 것이다.

'일요일에 발견된 나라' 는 어디?

국명의 유래를 찾아가다 보면, 가끔 독특한 이유가 숨어 있는 이름들이 있다. 예를 들어 '일요일에 발견된 나라' 라는 뜻을 가진 나라가 있는데, 그 나라는 어디일까? 답은 카리브 해에 떠 있는 관

카리브 해에 떠 있는 섬 도미니카의 석양

광지 도미니카이다.
유럽 인으로서 처음 도미니카를 발견한 사람은 콜럼버스이다. 그는 1493년 11월 3일 이 섬에 도착했는데, 그 날은 일요일이었다. 그래서 그는 이 섬을 라틴 어로 '일요일'을 의미하는 도미니카라고 명명한 것이다.
원주민들은 섬에 화산이 많다고 해서 '모험의 섬'이라고 부르고 있었지만, 콜럼버스가 명명한 쉬운 이름이 지도상에 실리게 된 것이다.

동서남북이 다 모였다. 방향에서 유래된 국명

세계 각국의 국명에는 방향에서 유래한 것들이 있으며 동서남북이 모두 있다.
우선 동(東)부터 살펴보자. 오스트리아는 8세기에 칼 대제가 설치한 오스트마르크(동쪽 국경에 가까운 지구)에서 유래된 이름이다.
남(南)은 오스트레일리아다. 라틴 어의 테라 아우스트랄리스(남쪽 대륙이라는 뜻)

유럽에서 두 번째로 긴 도나우 강

가 오스트레일리아로 영어화된 것이다.
서(西)는 아일랜드이다. 켈트 인들로부터 에이린(서쪽)이라고 불리던 '에일'이 '아일'이 되고 여기에 랜드가 더해졌다.
북(北)은 노르웨이이다. 게르만 인이 항로를 따라 북상하다가 발견한 땅을 노르베르그(북쪽의 길)라고 불렀는데, 나중에 베르그가 영어의 '웨이'(항로)로 바뀌어 지금의 국명이 된 것이다.

아프리카에는 어원이 같은 나라가 5개나 있다!?

아프리카에는 공통적으로 '검다'는 의미를 가진 나라가 5개나 있다.
아프리카 대륙의 동쪽 끝에 있는 소말리아 공화국은 원주민인 함족이 이집트 사람들로부터 누비아 어로 소말리(검다)족이라고 불렸고, 거기에 라틴 어의 지명 접미사가 붙어서 소말리아가 된 것이다. 그렇지만, '젖을 짜다'를 의미하는 소마르에서 유래되었다는 설도 있다.

소말리아와 같은 함족의 나라 에티오피아도 '검다'를 의미하는 국명이다. 고대 그리스 인들이 그들을 보고 '태양에 그을린 사람'이란 뜻의 아이스트오프시아라고 불렀는데, 이것이 변하여 굳어진 게 에티오피아이다.

고대 그리스인들은 아프리카의 북서부에 살고 있는 원주민들에 대해서도 '마우로스(검다)'라고 표현했다. 그것을 로마 인들이 이어받아 마우리(무어) 인이라고 불렀는데, 그 이름이 발전한 것이 모리타니아 공화국이다.

아라비아 어의 '검다'를 어원으로 하는 나라는 수단이다. 7세기에 이슬람 교를 포교하기 위해서 이 곳으로 이주한 아랍 사람과 원주민 사이에 태어난 아이를 '검은 사람'이라고 부른 데서 수단이라는 국명이 되었다. 기니 공화국도 베르베르 어의 검다를 뜻하는 아구나우에서 발전하였다고 한다.

고대에 유례를 찾아볼 수 없을 정도로 수준 높은 문명을 꽃피웠던 에티오피아의 풍경

지명에 숨겨진 속사정

프랑스에 파리가 두 곳이나 존재하는 이유

파리는 '꽃의 도시'로 불릴 만큼 화려한 이미지가 따라다니는 도시이다. 그러나 파리라는 지명은 브르고뉴 지방의 타로스 산중에도 또 한 곳이 있다.

사실 이쪽의 파리는 원래 파리의 속령이다. 왜냐하면 여기에 파리 시내를 흐르는 로맨틱한 세느 강의 수원이 있기 때문이다. 이러한 사실은 프랑스 지도에도 확실히 실려 있다.

파리에서 700km나 떨어진 세느 강의 수원에 파리라는 이름을 붙인 파리 사람들의 호방한 멋이 느껴지지는 않는지? 그만큼 세느 강은 그들에게 있어 소중한 존재였던 것이다.

왜 버마를 미얀마로 바꾼 걸까?

1989년 버마는 국명을 현재의 미얀마로 바꾸었다. 당시 군사 독재 정권을 수립한 신정부의 정책이었다.

그러나 사실 버마와 미얀마는 같은 뜻이다. 구어체인 버마를 문어체로 쓰면 미얀마인 것이다.

그러나 아웅산 수지를 중심으로 민주화를 요구하고 있는 반정부 조직의 관계자들은 지금도 끈질기게 '버마'라는 이름을 사용하며 독재 정권을 인정할 수 없다는 의사를 표현하고 있다.

미얀마 북부 만달레이에 있는 불교 미술

저마다 개성 있는 조형미를 지닌 세느 강의 다리

그린란드는 정말로 녹색의 섬일까?

북쪽이 북극해에 접해 있는 덴마크령의 섬 그린란드는 직역하면 '녹색의 섬'인데 왜 북쪽에 있는 섬에 이런 이름이 붙여진 것일까? 실제로 그린란드는 눈과 얼음으로 덮여 있어 섬 전체의 85%가 얼음 벌판인데도 말이다.
이렇게 어울리지 않는 이름이 붙은 것은 지금으로부터 약 1,000년 전의 일이다. 노르웨이에서 이 섬을 찾아온 바이킹들이 멀리서 섬을 바라보았을 때 녹색으로 보였기 때문에 그린란드라고 이름지었다고 한다. 엉터리 색채 감각이 아닐 수 없다.

하마터면 '샌드위치 제도'가 될 뻔한 하와이

하와이 섬 이름의 유래는 여러 가지이지만, 원주민들 사이에서 자연 발생적으로 생겨난 이름인 듯하다. 그러나 한때 하와이는 샌드위치 섬이 될 뻔하였다.
이렇게 명명한 사람은 1778년 서양인으로서 처음으로 하와이 제도에 상륙한 쿡 선장이었다. 그는 트럼프를 좋아해서 샌드위치를 고안했다고 알려진 샌드위치 백작을 기념하기 위해서 이런 이름을 붙였다고 한다.
사실 샌드위치 백작은 세계를 누비는 쿡 선장의 후원자였다.
당시 유럽에서는 이 이름이 사용되었다고 하는데 하와이 사람들에게는 분명 달갑지 않은 이름이었을 것이다.

높이 3,000m의 산들이 이어져 있는 그린란드

그린란드는 섬의 80% 이상이 북극권에 속한다.

(위) 정식 명칭이 레아히 산인 다이아몬드 헤드
(아래) 하와이를 대표하는 와이키키 해변의 석양

이름이 생소한 '헬베티아'는 어느 나라일까?

'헬베티아'라고 하는 낯선 이름의 나라를 알고 있는가? 세계 지도를 펼쳐 보아도 결코 찾을 수 없을 것이다. 왜냐하면 헬베티아는 스위스의 다른 이름이기 때문이다.

스위스의 수표나 동전을 얻게 되면 한 번 살펴보자. 거기에는 'HELVETIA'라고 분명하게 쓰여 있다.

왜 헬베티아라는 별칭이 있는 것일까? 이것은 스위스에 네 종류의 공용어가 있는 것과 관계가 있다. 독일어, 프랑스어, 이탈리아 어, 로망슈 어로 스위스를 표현하면 발음과 표기가 각기 다르다.

그래서 기원전 5세기에 게르만 인과 싸웠던 헬베티아족의 이름에서 따온 별칭으로 통일함으로써 혼란을 피하고자 했던 것이다.

미국 안에 남아 있는 유럽 지명의 수수께끼

미국의 지명을 살펴보면 유럽에서 온 것이 많다는 것을 알 수 있다. 사실 이 수수께끼는 미국 개척사와 관계가 있다. 1620년에 정치·종교적 박해를 피해 청교도들은 신세계를 찾아서 잉글랜드에서 메이플라워 호를 타고 이 곳으로 왔다. 그들은 고향이 그리워서 그들이 개척한 도시에 본국 잉글랜드와 같은 이름을 붙였다.

보스턴, 케임브리지, 플리머스 등이 그 것이고, 뉴잉글랜드라는 주 이름에도 그들의 이러한 마음이 잘 나타나 있다.

프랑스와 네덜란드, 에스파냐에서 이민 온 사람들도 있었다. 루이지애나와 세인트루이스 같은 지명은 프랑스의 루이 14세의 이름에서 따온 것이다.

(위) 루이지애나 주 뉴올리언즈의 프렌치쿼터
(왼쪽) 미국의 뉴잉글랜드에 있는 파크스트리트 교회

지방에 따라 사는 민족이 다른 스위스

'동유럽'이라는 명칭이 사라져 가고 있다?

예전에 뉴스에 자주 등장하던 '동유럽'이라는 표현을 최근에는 듣기가 어렵다. 동유럽이란 단순히 이해하자면 유럽의 동쪽에 위치한 나라가 된다. 그렇지만 실제로는 폴란드, 체코, 헝가리, 동독, 루마니아, 불가리아, 유고, 알바니아 등의 각국을 가리키며, 유럽 공산당이 지배하던 사회주의 국가를 통칭하는 말이었다. 그러나 독일의 통일과 발트 3국 독립 등 유럽 공산주의는 최근 대혁명기를 맞아 개념적으로 맞지 않기 때문에 동유럽이라는 표현은 이제 사어가 되고 말았다.

최근에는 단순한 지역 구분으로서 동서 혹은 남북 사이의 중심 지대라는 뜻으로 중부 유럽이라는 말이 사용되기 시작했다.

태평양은 태(太)로 쓰고, 대서양은 대(大)로 쓰는 이유

사소한 것일지도 모르지만, 태평양과 대서양을 표기할 때 왜 태평양에서는 태(太)로 쓰면서, 대서양에서는 대(大)로 쓰는 것일까?

태평양은 세계 일주를 한 마젤란이 '태평한 해양'이라고 표기한 데서 유래하였다. 반면 대서양은 선교사 마테오 리치가 '서양(西洋)의 전방에 펼쳐진 커다란 해양'이라 한 말에서 유래하였다. 따라서 태평양과 대서양에서 '태(太)'와 '대(大)'의 차이가 된 것이다.

미국을 합주국(合州國)이 아닌 합중국(合衆國)이라 하는 이유

미국을 정식으로 표기하면 아메리카 합중국이 된다. 그런데 이런 표기에 이의를 제기하는 사람들이 있다. 합주국(合州國)이 더 올바른 표현이라는 것이다. 아메리카는 독립된 50개의 주가 모여서 연방을 만들고 국가를 운영하는 나라이다. The United States of America의 States는 주를 말하는 것이기 때문에 이러한 주장은 설득력을 갖는다.

그러나 의미상으로 보면 합중국 쪽이 더 올바른 표현이다. 합중은 협력, 공동을 의미하는 뜻으로, 합중국은 모든 대중 한 사람 한 사람의 힘을 합해 창조해 나가는 나라를 의미한다.

이 신조어를 최초로 만든 것은 마카오 거주 독일인 선교사들이었다고 한다.

워싱턴에 있는 미국의 국회 의사당

티베트 인들이 에베레스트를 부르는 이름인 '초모랑마'는 대지의 여신'을 뜻한다

제4장
여행을 제대로 즐기기 위해 알아야 할 진실

책상 위에서 배우는 지식만이 진실이라고는 말할 수 없다.
예를 들어 아프리카의 최남단은 희망봉이 아니며,
자유의 여신상이 있는 곳은 뉴욕이 아니다.
진실은 실제로 그 곳에 가 본 사람만이 알 수 있다.

세계 최고봉인 K2나 에베레스트보다도 높은 산이 있다!?

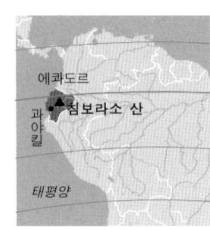

어떤 것이든 세계 최고라는 호칭을 얻는 것은 대단한 일이다. 그러나 계측 방법에 따라서는 세계 제일이라는 칭호가 뒤바뀌는 일도 발생할 수 있다.

말하자면 세계에서 제일 높은 산은 네팔과 중국 국경에 솟아 있는 에베레스트(초모랑마)이고, 그 다음이 인도 카슈미르 지방의 카라코람 산맥에 있는 K2(카라코람 제2호)라는 것이 상식이었다. 그러나 에베레스트보다도 높은 산이 있다고 하는 주장도 나왔다. 그 대상은 바로 아메리카 대륙의 에콰도르에 있는 침보라소 산이다.

현재 침보라소 산은 해발 6,310m로 기록되어 있다. 에베레스트의 높이는 8,848m, K2는 8,611m이므로 두 산에는 크게 못 미치는 높이이며 남아메리카 대륙에서도 5위 안에 들지 못하는 높이이다.

그렇다면 세계 제일의 높이라는 주장은 어떻게 해서 나온 것일까? 그것은 바로 측량 방법의 차이에 있다. 침보라소 산을 지구의 중심에서부터 측정하면 에베레스트의 높이를 앞지른다고 한다. 지구는 완전한 구가 아니라 중심으로부터의 거리가 적도 부분이 긴 타원형이기 때문에, 적도와 더 가까운 침보라소 산이 중심으로부터의 거리에서는 에베레스트 산을 제친다는 것이다.

뭐랄까 억지처럼 들리기도 하는데, 지금까지의 측정 방법으로는 오차가 생기기 때문에 높이 측정이 완벽하지 않다는 지적도 있는 게 사실이다. 더구나 산은 살아 있다. 지각 활동의 영향으로 매년 높이가 변하고 있으므로, 어쩌면 에베레스트가 세계 최고라고 하는 신화는 틀린 것일 가능성도 있다.

희망봉은 아프리카 최남단의 곶이 아니다!?

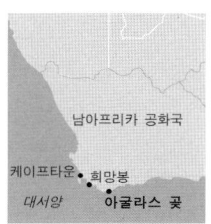

 여행지로서 대륙의 끝을 둘러보기를 좋아하는 사람들도 있다. 그런 사람들이 아프리카로 여행하고자 할 때 가장 먼저 떠올리는 것이 남아프리카 공화국의 희망봉까지 가서 아프리카의 최남단을 밟아 보는 코스가 아닐까?
 그러나 이 코스의 선택은 잘못된 것이다. 왜냐하면, 많은 여행자들이 희망봉을 아프리카의 최남단이라고 굳게 믿고 있지만 진짜 최남단은 따로 있기 때문이다.
 실제 아프리카의 최남단은 희망봉에서 남쪽으로 65km 떨어진 곳에 있는 아굴라스 곶이다.
 아굴라스 곶에 서 있는 등대에서 10분 정도 걸어 가면, 대서양과 인도양이 합류해서 호쾌한 물보라가 이는 모습을 바라볼 수 있는 대륙의 끝에 다다른다. 그 곳에는 최남단임을 알리는 표식도 있고 기념 촬영을 하는 사람도 있다.
 왜 일반적으로 희망봉을 아프리카의 최남단이라고 여기고 있는 것일까? 희망봉이 남부의 대도시 케이프타운에서 가까운 거리에 있어 관광지로 이용하기 쉽다는 점이 이러한 오해를 야기시킨 원인의 하나이다.
 아굴라스 곶은 케이프타운에서 차로 5시간이나 걸리는 불편한 장소에 위치해 있다. 근처에 숙박 시설도 적어서 관광을 하려면 케이프타운에 숙소를 정하고 차로 다녀와야 하는 번거로움이 있다. 그러면 왕복하는 데 꼬박 하루가 걸리게 된다. 그래서 사람들은 가까운 희망봉을 선호하게 되었고, 어느 순간부터 희망봉이 아프리카의 최남단이라는 영예를 차지하게 된 것이다.

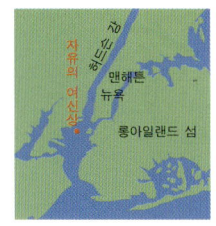

자유의 여신상이 서 있는 곳은 뉴욕이 아니었다!?

뉴욕 토박이들이 자주 쓰는 말이 있다. "뉴욕에는 무비 스타와 유명 스포츠 선수가 살고 있지만, 가장 유명한 스타는 누군지 아니? 그건 바로 자유의 여신이야." 그 정도로 자유의 여신상은 뉴욕의 상징이자 확실한 랜드마크이다.

오른손에 자유의 길을 비추는 횃불을 높이 들고 왼손에 미국의 독립 선언일을 새긴 명판을 들고 있는 자유의 여신상은 뉴욕의 상징인 동시에 미합중국 건국의 기본 이념인 '자유'를 상징하는 동상이기도 하다.

자유의 여신상이 미국에 세워진 것은 1886년이다. 프랑스의 조각가 바르톨디가 미국과 프랑스 양국의 우호를 목적으로 제작한 것이다.

1878년 파리 만국 박람회에 전시된 후, 214 조각으로 해체되어 미국으로 운반되었다. 그리고 에펠 탑을 세운 에펠이 철골을 설계하여 다시 만들어 세웠다. 여신상은 횃불의 높이까지 높이가 45.3m이고, 무게는 250톤이다. 머리 부분에는 전망대가 만들어져 세계 여러 나라의 관광객이 찾는 명소이다.

그러나 뉴욕의 상징이라 믿어 의심치 않는 이 자유의 여신상이 실은 행정 구역상으로는 뉴욕 시나 뉴욕 주에 속해 있지 않다. 그녀가 서 있는 리버티 섬은 분명히 뉴욕항 안에 위치하고 있지만, 정식으로는 뉴저지 주에 속하는 땅인 것이다.

'자유의 여신상'의 얼굴은 제작자 바르톨디의 어머니를 닮았다고 한다.

열대 특유의 맹그로브가 무성한 아마존 강

세계에서 가장 긴 하천을 정하는 것도 꽤 힘들다?

　세계에서 가장 높은 산을 정하는 것이 어려운 일이듯이, 세계에서 가장 긴 하천을 정하는 일도 만만치 않다.

　현재 세계에서 가장 긴 강은 이집트의 나일 강으로 길이가 6,650km이고, 두 번째는 아마존 강으로 길이가 6,400km라고 하는 것이 정설이다. 그러나 계속해서 아마존 강이 세계 최장이라고 주장하는 그룹도 있다. 이러한 주장의 근거는 여러 개의 지류로 이루어진 큰 하천은 그 중에서 어느 것을 본류로 삼느냐에 따라서 길이가 바뀌기 때문이다.

　특히 아마존 강은 세계 최대의 유역 면적을 자랑하는 하천이다. 각 지류들은 저마다 지류라고 부르기 아까울 만큼 당당하게 흐르기 때문에 본류의 선택 방법에 따라 길이를 늘이는 것도 가능하다.

　아마존의 원류는 페루 안데스 산맥의 네바도미스미 산 빙하에서 흐르는 개울에서 시작하여 큰 지류인 우카얄리 강으로 들어가 남대서양으로 이어지는데 그 거리가 6,400km이다. 그러나 종착점을 거리가 좀더 긴 파라 강 입구로 설정하면 길이가 6,750km가 된다. 결국 나일 강의 6,650km를 앞지르게 되는 것이다.

　한편 나일 강은 아스완하이 댐을 건설하여 인공호를 만드는 과정에서 구불구불 흐르던 강의 흐름이 바뀐 상태이다. 6,650km라는 기록은 인공호를 만들기 전의 일이므로 실제는 이보다 다소 짧아진 것이 현실이다.

　게다가 최근에는 제4위인 5,971km의 미국 미시시피 강에 새로운 수원이 발견되어서, 그 거리를 더하면 미시시피 강이 세계에서 가장 길다는 주장도 나왔다. 역시 세계에서 가장 긴 하천을 정하는 것은 간단한 일이 아니다.

출가 경험자가 아니면 성인 남자로 대접받지 못하는 나라

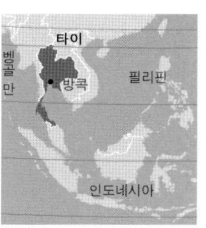

한국에도 불교도가 많이 있지만, 동남 아시아의 불교 국가와 비교하면 신앙의 경건함 측면에서는 그들 나라에 크게 못 미친다.

그 중에서도 세계 남방 불교의 중심인 타이 사람들의 신앙심은 특히 두터워 국민의 약 95%가 열성적인 불교도이다. 남성은 출가해 승려가 되면 '숫케'라 불리며 성인으로 대접받는다. 심지어 숫케가 되는 것은 여자와 결혼할 때에도 유리한 조건이 된다.

출가는 20세 이상의 건강한 남자라면 국적이나 학력에 관계없이 누구에게나 허락된다. 우파차라고 부르는 스승(스님)을 찾아가 그의 지도 아래 계율을 배우고 그것을 실행에 옮긴다.

그러나 남성들이 모두 출가해 버리면 일손 부족 사태가 발생하게 된다. 그래서 타이에서는 '일시적 승려' 제도를 도입하였다. 이 제도는 관청이나 회사에서 근무하는 남자들도 3개월간 출가해서 사원에서 수행할 수 있도록 허가한 제도이다. 수행 기간은 휴가 처리가 되므로 직장을 그만두고 출가할 필요는 없다.

이 정도로 열렬한 불교 국가 타이에서 불교에 관한 장난을 친다는 것은 절대로 금물이다. 일시 출가한 사람한테 장난으로라도 "저 녀석은 계율을 어겼어."라는 말을 하면 그 남자의 평판은 땅에 떨어져 두 번 다시 되돌릴 수 없게 되고 만다. 나중에 장난이었다고 아무리 변명해도 소용없다. 또 타이에서는 아무리 아이가 귀여워도 머리를 쓰다듬어서는 안 된다. 아이의 머리에는 부처가 들어 있다고 생각하기 때문에, 설령 선의라고 해도 거부당하는 것은 물론이고 비난받는 것은 자명한 일이다.

(위 왼쪽) 역대 왕들이 여러 차례 보수와 재건을 반복한 왕궁. (위 오른쪽) '에메랄드 사원' 이라는 이름을 지닌 방콕의 와트프라케오

수많은 사원이 몰려 있는 아유타야에서는 갖가지 형태의 불상을 볼 수 있다.

네이멍구에 펼쳐진 평원에도 중국의 시각이 지배한다.

광활한 중국에서 동서 간의 시차는 도대체 어느 정도일까?

영토가 광대할 경우, 한 나라 안에서도 시차가 발생한다. 우리와 같은 좁은 국토에서는 있을 수 없는 일이기 때문에 외국을 여행할 때 자칫 손목시계의 시각 맞추는 것을 잊어 버려 낭패를 보는 일이 발생할 때도 있다.

세계의 시간은 동경과 서경이 15도씩 바뀔 때마다 1시간씩의 시차가 생긴다. 동서로 넓은 나라일 경우 한 나라 안에서도 다른 시간 속에서 살아가야 하는 것은 당연하다.

예를 들어 미국의 경우, 동해안의 뉴욕과 서해안의 로스앤젤레스 간에는 3시간의 시차가 발생한다. 많은 기업이 이 두 도시에 사무실을 두고 있어 주재원이 연락을 취하는 데에도 주의가 필요하다. 로스앤젤레스의 주재원이 오후 5시에 뉴욕의 지사장에게 전화를 하고 싶어도 뉴욕은 밤 8시이다. 지사장이 사무실에 있을 리가 없다.

세계에서 동서로 가장 넓은 러시아도 동서로 7시간의 시차가 있으므로 대륙 횡단 여행을 할 경우 시계를 계속해서 고쳐야만 한다. 이것도 자연의 법칙이라고 생각하고 따르는 수밖에 없다.

광대한 영토를 가지고 있다는 점에서는 중국도 마찬가지일 것이다. 그러나 중국은 이 자연의 법칙을 거스르며 나라 전체가 공통의 시간대를 사용하는 방침을 굽히지 않고 있다. 바로 북쪽에 위치한 러시아에서는 5시간의 차이가 나는 거리임에도 불구하고 중국에서는 같은 시간을 쓰고 있는 것이다.

북경과 상해의 시각이 정오일 때 서쪽 끝에 있는 곳은 이제 막 해가 뜨기 시작하는 아침이다. 이른 아침을 한낮의 시간대에 맞춰 생활해야 한다.

'유럽 최후의 식민지' 지브롤터에 원숭이가 많은 이유

　세계 지도를 펴고 에스파냐의 남동부를 찾아보면, 모로코와 해협을 사이에 두고 삐죽이 튀어나와 있는 곳이 있다. 이 반도가 바로 지브롤터라고 불리는 지역으로, 현재는 에스파냐의 영토가 아닌 영국의 직할 식민지이다.

　유럽 최후의 식민지 지브롤터의 크기는 약 $6km^2$ 정도에 불과하다. 그 대부분을 '지브롤터의 바위산' 또는 '더록'이라고 불리는 거대한 석회암 산지가 차지하고 있다. 이처럼 지도상에서는 하찮은 존재인 지브롤터의 영유권을 둘러싸고 수세기 전부터 유럽 각국이 권리를 주장하며 다툼을 벌여 왔다.

　각 나라들이 이렇게 지브롤터를 고집하는 까닭은 이 반도가 지중해 서쪽 입구를 지키고 있는 위치에 있어서 무역상으로나 군사상으로 중요한 곳이기 때문이다. 현재 바위산을 지키고 있는 영국군은 방위를 위해 143개의 동굴과 50km의 도로와 터널을 만들었다고 한다. 또 지브롤터의 주민들은 히스패닉계가 많지만 에스파냐의 개입에는 부정적이며, 독립을 원하면서도 현재 영국의 지배를 받아들이고 있다.

　영국의 지브롤터에 대한 지대한 관심은 이 지역 원산의 바바리원숭이를 다루는 데서 알 수 있다. 바바리원숭이는 유럽 유일의 야생 원숭이인데, 이 원숭이가 지브롤터를 떠나는 때가 영국에 의한 통치가 끝나는 때라는 전설이 있다. 당시 영국의 수상이었던 처칠은 이 전설을 웃어 넘기지 않고, 1944년 바바리원숭이의 수를 늘리고 그 수를 유지하도록 엄중히 지시했다. 이러한 처칠의 지시는 지금까지도 지켜져 내려오고 있는 것이다.

바바리원숭이는 유럽에서 유일한 야생 원숭이로 지브롤터에만 서식하고 있다.

지브롤터를 전략적 요충지로 생각한 것은 페니키아 인이 처음이었다.

지금도 남아 있는 거대한 대포는 지브롤터가 요새였다는 것을 여실히 증명하고 있다.

캐나다 제1의 주 퀘벡은 실은 독립 국가였다!?

세계에서 두 번째로 큰 국토를 가진 나라가 캐나다이다. 미국과 붙어 있어서 분명 생활 양식이나 사고 방식이 미국화되어 있으리라 생각하기 쉽지만, 사실은 그렇지 않다.

캐나다는 오랫동안 영국과 프랑스의 식민지였다. 그래서 지역에 따라 영국계 주민이 많은 곳도 있고, 어떤 곳은 프랑스계 주민이 주류를 형성하는 등 복잡한 속사정이 있다.

그 극단적인 예가 바로 퀘벡 주이다. 퀘벡 주는 약 730만 명의 주민 중에 80%에 해당하는 인구가 프랑스계 캐나다 인이다. 공용어도 영어가 아니라 프랑스 어를 당당히 사용하고 있다. 특히 캐나다 정부가 확대 시행하고 있는 주정부의 연방성 강화 방안에 대해서도 확실한 반대 태도를 취하고 있으며, "우리의 주는 캐나다 속의 특이한 사회다."라고 주장하는 주민들도 있다.

또 일부 과격한 사람들 중에는 캐나다 전체에서 프랑스 어 사용권을 인정해야 한다는 주장을 하는 사람도 나오고 있는 형편이다. 다른 주에는 영국계 주민이 많으며, 그 결과 당연히 영어가 공용어로 되어 있다. 그런 상황에서 프랑스 어도 캐나다 전체의 공용어로 인정해 달라고 요구하는 것이다.

퀘벡 주에는 캐나다로부터의 분리 독립을 진지하게 요구하는 주민들도 적지 않다. 실제로 현지에서 주민 투표가 실시되었는데, 독립 찬성파와 독립 반대파가 거의 동수였다고 한다. 아직은 근소한 차로 독립 반대파가 많지만, 해마다 독립을 요구하는 목소리가 높아져 가고 있는 게 사실이다. 퀘벡 주는 이제 캐나다 속의 이국(異國)이 되어 가고 있다.

뉴질랜드는 양의 숫자가 인구의 14배나 된다!

남반구의 관광지로서 오스트레일리아와 함께 인기가 높은 곳이 뉴질랜드이다. 남북 2개의 큰 섬과 무수한 작은 섬들로 이루어진 이 나라는 국토 면적이 그리 넓지는 않지만 산이나 피오르 같은 자연의 다양함이 볼거리이다. 빙하가 있는가 싶으면 열대 우림과도 마주치는 등 뉴질랜드는 정말로 여러 가지 표정을 지니고 있다.

이러한 뉴질랜드이지만 나라 이름을 세계에 드높이는 역할을 하고 있는 동물이 있는데, 그것이 바로 양이다. 1882년 냉동선이 취항함으로써 양고기의 해외 수출이 가능해진 것을 계기로 양 사육이 발전하였다.

지금도 뉴질랜드의 도처에서 목양이 이루어지고 있으며 주요 수출품의 위치를 차지하고 있다. 양은 크게 식용과 양모용으로 나누어 사육되고 있는데 전 국토의 50% 이상이 목양지로 사용되고 있다고 하니, 양이 얼마나 많고 소중하게 사육되고 있는지를 알 수 있다.

사육되고 있는 양의 수는 약 5,000만 마리 정도로, 뉴질랜드 전체 인구가 약 360만명 정도이니까 한 사람이 약 14마리의 양을 키우고 있다는 계산이 나온다. 게다가 방목되고 있는 소도 800만 마리나 되므로 이것을 모두 합하면 국민 한 사람당 16마리씩의 양과 소를 키우고 있는 낙농 국가라고 할 수 있다.

목장 경영자들은 세계 여러 곳에서 찾아오는 관광객들을 위해 자기 집의 일부를 숙박 시설로 내놓고 있으므로, 이런 곳에 한 번 가 보는 것도 좋을 것이다. 모두가 펜션 수준의 깨끗하고 산뜻한 시설들이다. 팜스테이(farm stay)라고 부르는 이 숙박 제도는 목양의 나라 뉴질랜드가 아니고서는 할 수 없는 일이다.

북미 대륙 3대 순례지의 하나인 생탄드보프레 교회

캐나다 개척 시대의 역사를 담아 놓은 샤토람제이 박물관

19세기 중엽에 건설된 마르셰본스쿨

뉴질랜드에서 양은 인간의 의식주에서 빼놓을 수 없는 동물이다.

뉴질랜드를 여행하다 보면 이런 광경을 자주 목격하게 된다.

전 세계에 무려 1억 개 이상의 지뢰가 묻혀 있다!?

오랫동안 평화가 지속되면 그 고마움을 잊기 쉽지만, 평화보다 더 좋은 것은 없다. 그렇지만 실제로 세계를 여행하다 보면 생각지도 않은 위험에 직면하는 경우가 있다.

특히 대도시나 관광객들이 매우 붐비는 여행지보다는 여행자들이 별로 찾지 않는 곳, 그 중에서도 정부에서 입국을 자제하라는 경고가 붙은, 정치 상황이 불안한 나라들로 모험 여행을 해 보려는 사람은 더욱 주의가 필요하다.

그러한 나라들에서 얻은 경험은 분명 귀중한 것이 될지도 모르지만, 생명의 위험에 노출되는 여행이 틀림없다. 좀도둑 따위에 신경을 쓰는 것만으로는 충분히 주의를 기울였다고 할 수 없다. 자신이 걷고 있는 땅에도 세심한 주의를 기울일 필요가 있다.

왜냐하면, 분쟁 다발 지역을 중심으로 세계의 구석구석에 수없이 많은 지뢰가 묻혀 있기 때문이다. 미국 국무성이 발표한 자료에 따르면, 현재 세계 62개국에 묻혀 있는 지뢰의 수가 무려 6,500만 개에서 1억 개에 이른다고 한다.

지역별로도 동남·남부 아시아를 비롯해 중동, 아프리카, 유럽 등 전 세계적으로 분포하고 있다고 할 수 있다. 아프리카에는 1,800만~3,000만 개 정도가 묻혀 있고, 유럽에는 보스니아 내전의 영향으로 300만~700만 개의 지뢰가 일촉즉발의 상태로 땅 속에서 잠자고 있다.

이들 땅 속의 지뢰는 평화 조약이 체결되어도 그 기능을 멈추지 않는다. 그야말로 인간의 어리석은 일면이기도 하며, 세계 여행의 공포라고도 할 수 있지 않을까?

인도에는 '고맙습니다'라는 뜻의 말이 없다!?

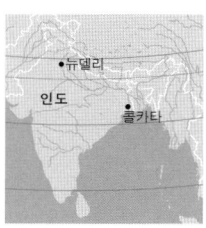

여행지 국민의 관습과 여행자의 관습이 서로 달라 원활한 의사 소통이 이루어지지 않는 경우가 있다. 그 가운데 감사한 마음을 표현하고자 해도 그것을 전혀 이해해 주지 않는 경우가 있으니, 외국인과의 교류는 어렵고도 미묘한 것이다.

예를 들어 인도에서는 '고맙습니다' 라는 표현이 없기 때문에 문제가 된다. 우리가 일상 생활 속에서 자주 사용하는 '고맙습니다', '감사합니다'에 해당하는 인도어가 존재하지 않는 것이다.

그러니 친절 좀 베풀어 놓고서, '고맙습니다' 라고 말 한 마디 못하는 인도인이라며 분개하는 것은 이해 부족일 뿐이다.

전문가에 의하면 '단냐와드' 라는 말이 가장 근접한 표현이라고 하는데, 이 말에도 주인이 하인에게 쓰는 '수고했다' 의 뉘앙스가 포함되어 있어 친구 간이나 모르는 사람에게 쓰기에는 적당하지 않다고 한다. 최근에 젊은이들 사이에서는 하는 수 없이 영어의 '땡큐' 라는 표현을 쓴다고 하니 재미있는 일이다.

왜 인도에는 '고맙습니다' 라는 단어가 발달하지 않은 것일까? 그 이유는 인도 고유의 신분 제도인 카스트 제도와 'give and take' 정신이 발달한 것과 관련이 있다고 한다. 이러한 생각은 거지들도 마찬가지여서 지나가는 사람이 돈을 주어도 '고맙습니다' 라는 말을 절대로 하지 않는다. 그들은 돈이라는 물질적인 혜택을 받는 대신 공덕을 쌓게 해 준다고 생각하기 때문이다.

우리로서는 이해하기 어려운, 아주 이해타산적인 사고 방식이라고 말할 수 있을지도 모르겠다!?

'스위스 은행'이라는 은행은 존재하지 않는다!?

스위스의 취리히를 방문한 사람들 중에는 카메라를 한 손에 들고 돌아다니는 사람들이 있다. 그런 사람들이 찾는 곳이 바로 스위스 은행인데, 전 세계의 부자들이 비밀 계좌를 갖고 있다고 해서 유명한 그 은행이 어떤 은행인지 건물만이라도 사진에 담고 싶은 게 이들의 목적이다. 그런데 은행은 많지만 '스위스 은행'이라는 은행은 아무리 찾아도 없을 것이다. 왜냐하면 스위스 은행은 존재하지 않기 때문이다.

스위스 은행이란 스위스에 있는 예금·신탁 업무를 수행하고 있는 모든 은행을 말한다. 국토도 좁고 경제적으로 무역이 활발하지도 않은데 스위스에는 1,700개나 되는 은행이 있다. 이 모든 은행들이 소위 말하는 '스위스 은행'인 것이다.

재산이 많은 경제인뿐만 아니라 각국의 원수급 인물이나 범죄 조직의 거물들도 스위스 은행에 계좌를 갖고 있다는데, 그 이유는 아마도 비밀 계좌가 있기 때문일 것이다. 이름 대신에 번호만 등록하고 그 계좌는 본인과 은행의 극히 일부만 알 수 있다. 경찰과 세무서에서조차 알아낼 수 없기 때문에 탈세를 목적으로 이용하거나 부정한 방법으로 손에 넣은 돈을 보관하기에 적절한 계좌인 것이다. 이러한 점이 화제가 되어서 스위스 은행이라는 명칭이 쓰여지게 된 것이다.

일부에서는 비밀 계좌가 범죄의 온상으로 이용되기 때문에 그 내용을 공개해야 한다는 목소리를 높이고 있지만, 여전히 이들 은행의 이용 가치는 높다고 할 수 있다.

스위스에서 '은행의 도시'라고 불릴 만한 취리히

손님을 기다리는 인력거꾼(위)과
페인팅을 해 주는 노점상(오른쪽) 등은
인도의 거리가 아니고는 볼 수 없는 풍경이다.

작은 섬 키프로스에 두 개의 국가가 존재하는 이유?

키프로스 섬은 지중해 동쪽에 있는 작은 섬으로, 온난한 지중해성 기후 덕택에 푸른 하늘과 쪽빛 바다로 둘러싸여 있는 아름다운 곳이다.

옛날에는 알렉산더 대왕과 비잔틴 제국의 지배하에 있었던 적도 있었고, 그리스 문명의 혜택을 받은 적도 있었다. 당시의 유적이 지금까지 남아 있어서 유럽의 관광지들 중에 숨겨진 명소라고 할 수 있다.

그러나 세계 지도를 들여다보는 것만으로는 이해할 수 없는 곳이 키프로스이다. 어느 쪽으로든 남북으로 종단하다 보면 살고 있는 주민이 확 바뀌는 경계가 있는 것이다.

작은 섬이지만, 실은 섬 안에 사실상 두 개의 나라가 존재하고 있다. 북쪽은 터키계 키프로스 인이 사는 북부 키프로스 터키 공화국이고, 남쪽은 그리스계 키프로스 인이 사는 키프로스 공화국으로 전혀 다른 두 나라로 나뉘어 있다.

영국으로부터 독립을 쟁취한 1960년 당시에는 80%의 그리스계 주민과 20%의 터키계 주민이 서로 협력하는 사이였지만, 1974년에 그리스가 키프로스의 합병을 획책했던 사건을 계기로 섬 북쪽에 위치한 터키군이 개입하게 되었고, 1983년에 일방적으로 북부 키프로스 터키 공화국의 독립을 승인해 버렸던 것이다.

대부분의 세계 각국이 북부 키프로스 터키 공화국을 인정하고 있진 않지만, 사실상 두 개의 나라가 병존하고 있다는 것은 이 섬에 가 보면 알 수 있다.

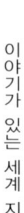

터키는 유럽일까, 아니면 아시아일까?

세계를 몇 개의 블록으로 나눌 때, 가끔 난감한 경우가 있다. 예를 들면, 터키는 아시아에 속하는 나라인지 아니면 중동, 유럽 쪽에 속하는 나라인지 하는 문제이다.

터키의 동쪽 끝은 아르메니아와 이란, 시리아 같은 서아시아에 분류되는 나라들과 붙어 있고, 서쪽 끝은 불가리아, 그리스의 국경과 접하고 있다. 인구의 98%가 이슬람 교도이므로 서아시아로 분류되기 쉽지만, 월드컵 축구는 유럽 지구의 예선에 출전하는 등 명확한 분류가 이루어지지 않고 있는 것이 현실이다.

현재 터키 정부의 수뇌들은 유럽에 가까운 자세를 취하고 있다. 이슬람교 지도자에 의한 종교적인 관습과 행정 등을 모두 폐지하고 공화국 제도를 도입한 것을 보면 그들의 생각은 명확하다. 경제적으로 번영하기 위해서는 유럽식의 합리주의를 받아들이는 쪽이 유리하다는 생각이 바탕에 깔려 있는 듯하다.

그럼에도 불구하고 이스탄불의 바자르 시장거리를 보면 분위기나 상점, 관습 등이 다른 중동 국가들과 똑같다. 터키에서 발견되는 이러한 사정은 아시아와 유럽을 잇는 위치에 있기 때문에 발생하는 문제라고 할 수 있다.

또 터키의 국민들 사이에도 유럽파와 이슬람파, 아시아파가 갈라져 있다. 여행하다가 만약 터키 인과 사귀게 된다면, 종교적인 대화를 시작하기 전에 상대방의 입장을 확인하는 게 문제의 씨앗을 만들지 않는 현명한 길이다.

12세기부터 키프로스 공화국의 수도인 니코시아. 주택과 궁전 등에서 아름답고 우아한 중세의 면모를 엿볼 수 있다.

인구 약 6만 명을 헤아리는 키프로스 남부의 항만 도시 라르나카. 역사적인 유적이 많다.

오스만 제국의 유산인
도프카프 궁전에서 바라본 풍경

터키의 거리에서 음료수를 파는 남성

이슬람 문화는 터키 사람들의 생활에 뿌리 깊게 박혀 있다.

칼럼 *세계 지도의 뒷모습 4*

즐거운 여행을 위해 필요한 지혜

시간 관념은 그 나라를 비추는 거울!?

전차나 버스가 시간표대로 다니고 약속 시간보다 조금 먼저 도착하는 시간 관념은 영국이나 일본과 같은 선진국에서 비교적 엄격하게 지켜지고 있다. 이런 나라의 국민들이 외국 여행을 하다 보면 당황하게 될 때가 있다.

어느 일본인이 이탈리아 철도 역에서 경험한 일이다. 역의 시계를 보니 방금 전에 맞춘 자신의 시계보다 5분이나 빠른 것을 발견하였다. 그러나 이것은 그의 시계가 잘못 된 것이 아니었다.

이탈리아 인들은 역에 걸려 있는 시계를 조금 빠르게 맞춰 놓음으로써 이용객이 열차를 놓치지 않게 하고 있는 것이다.

반대로 열차 내의 시계는 2~3분 정도 느리게 맞춰 놓는다고 한다. 그러면 기차가 조금 늦더라도 승객이 안심하게 되고, 정확히 시간표대로 도착하면 "좀 일찍 도착했구나!" 하는 만족감을 준다는 것이다. 참으로 시간으로부터 자유로운 국민다운 발상이 아닌가?

외국에서는 화장실에 갈 때에도 각오가 필요하다!?

거리를 걷다가 화장실에 가고 싶을 때에는 백화점이나 역을 찾으면 된다. 그러나 외국에서는 그럴 수 없을 뿐더러, 우리 화장실과 크게 달라 놀랄 수도 있다.

우선, 중국을 살펴보자. 만리장성과 자금성 같은 관광지에는 당연히 화장실이 있다. 그런데 문제는 문이 없다는 것이다 (역자 ; 지금은 많이 개선됨). 결국 다른 사람이 볼 것을 각오하고 가지 않으면 안 된다.

중국의 지방으로 가면 문제가 더욱 심각하다. 좌우의 칸막이조차 없고 폭 20cm 정도의 구멍만 있는 화장실이 허다하다. 화장지 같은 것은 당연히 없고, 볼일을 본 후 변기 옆에 있는 수도에 붙어 있는 물통에서 물을 퍼서 씻어야 한다.

해외 여행의 즐거움은 화장실이 어떠한가에 달려있는지도 모르겠다.

아랍권 국가에서는 절대로 여성에게 말을 걸어서는 안 된다?

세계적인 산유국 사우디아라비아는 이슬람 교의 성지 메카와 메디나가 있는 곳이라는 것에서도 알 수 있듯이 지금도 이슬람 교의 교리가 엄격히 지켜지고 있는 나라이다.

그 중에서도 특히 여성에 대한 계율에는 그들만의 독자적인 세계관이 담겨져 있다. 가슴을 강조하는 복장은 절대 금지이며, 엉덩이 곡선이 보이는 바지를 입는 것도 안 된다. 이런 계율을 모르고 탱크톱 같은 옷을 입어서 체포된 관광객도 있다고 한다.

또, 얼굴을 남자에게 보여서는 안 되기 때문에 간호사 이외에는 밖에서 일을 하는 것조차도 허락되지 않는다.

그런 나라인 만큼 당연히 길거리에서 남성이 여성에게 말을 걸어서도 안 된다. 단순히 안면이 있는 여성에게 인사를 건넨 행위만으로도 종교 경찰에게 체포되기도 한다니 말이다.

일본의 상식은 외국에서는 통하지 않는다?

일본만큼 갖가지 외국 요리를 맛볼 수 있는 나라는 없다고 한다. 그렇다면 일본인은 세계 제일의 식도락가들이란 말인가?

일본인에게 한국 요리하면 제일 먼저 떠오르는 것은 당연히 불고기일 것이다. 그런데 이것은 일본인이 제멋대로 생각하고 있는 것뿐이며 실제로는 그렇지 않다. 사실 한국에서는 탕이라고도 하는 국이 요리의 중심이다. 육류가 들어간 국과 어류가 들어간 국 등 종류도 여러 가지이다. 여름과 겨울의 기온차가 심한 한국에서는 국을 마심으로써 땀을 내거나 체온을 유지하는 것이다.

레스토랑 같은 데서 볼 수 있는 '바이킹 요리'도 일본식 이름이다. 해외에서 이 이름을 말해도 이해하는 사람이 없다. 외국에서는 '뷔페 스타일' 또는 '스모르가스 보르드(smorgas bord ; 서서 먹는 스웨덴식 식사 방식)'라고 불린다.

언덕에서 내려다 본 석양의 예루살렘.
찬란한 황금색 '바위의 돔'을 볼 수 있다.
(왼쪽 위) 통곡의 벽
(왼쪽 아래) 예루살렘의 옛 시가지

제5장

뉴스를 듣는 데 도움이 되는 세계 지도

지형 등을 파악하는 것만이 세계 지도의 역할은 아니다.
세계 각지가 지금 어떤 상황에 처해 있는가를 아는 것도
세계 지도를 펼치게 되면 가능한 일이다.
단지, 세계의 소식을 알고자 하는 호기심이 있다면 말이다.

예루살렘은 왜 세 종교의 성지가 되었는가?

세계의 화약고라는 이름이 어울리는 곳은 이스라엘의 수도 예루살렘 근처일 것이다. 분쟁이 끊이지 않고 피가 피를 부르는 항전이 계속된다는 뉴스가 자주 보도되곤 한다. 따라서 예루살렘을 여행하고자 하는 관광객은 많지 않은 것이 현실이다.

우리에게 있어서 예루살렘에서 일어나고 있는 분쟁을 이해한다는 것은 쉬운 일이 아니다. 왜 예루살렘이 세계 3대 종교인 기독교, 유대 교, 이슬람 교의 성지가 되었는가. 이런 사실을 역사 시간에 배웠어도, 피부로 느끼지 못하는 것이 현실 아닐까? '성지를 각각의 민족이 거주하는 장소로 옮겨놓으면 싸울 일이 없을 텐데…….' 하고 단순하게 생각하는 사람이 있을지도 모르겠다. 그러나 열렬한 신앙심으로 살고 있는 사람들에게는 예루살렘을 포기하지 못하는 사정이 있다.

방랑의 민족이라고 불리워 왔던 유대인들에게 있어서, 예루살렘은 기원전 1,000년 다윗 왕이 유대인들을 위해 세운 도시인데, 현재는 시내에 통곡의 벽과 서쪽 벽에서 기도를 올리는 것으로, 예루살렘이 유대 교의 가르침 속에 있는 '약속의 땅' 임을 확인하고 있다.

한편, 주민 수로는 숫자가 적은 기독교도에게 있어서도 예루살렘은 예수의 죽음과 부활이 일어난 무대이다. 그들에게 있어서도 예루살렘은 포기할 수 없는 성지인 것이다. 이슬람 교도에게도 예루살렘은 예언자 마호메트가 천국으로 인도된 장소로서 양보할 수 없는 이유가 있다.

이렇게 3개 종교의 원점이 예루살렘에 모여 있기 때문에 이 땅에서는 서로 싸우면서도 공존해야 한다는 난제에 부딪힐 수밖에 없는 것이다.

발트 3국이 유럽 열강의 목표가 된 지리적 사정

　발트 3국의 이름을 말해 보라고 하면 답할 수 있는 사람이 생각보다 많지 않을 것이다. 발트 3국은 에스토니아, 리투아니아, 라트비아 공화국을 말한다. 이 세 나라는 모두 구소련의 해체와 동시에 독립한 나라이다. 구소련의 점령하에 있을 때도 주민의 대다수를 이루고 있는 각 나라의 민족들은 자기들만의 고유한 모국어를 가지고 있었기 때문에, 오랫동안 구소련의 지배하에 있었다는 사실이 오히려 이상하다고 말할 수 있다.

　그런데 발트 3국이라고 묶어서 부르는 일이 많은 것은 이 세 나라가 같은 이유로 오랫동안 다른 나라의 침략을 받아 왔기 때문일 것이다. 13세기경부터 최근까지 독일과 폴란드, 스웨덴 그리고 구소련의 침략과 지배를 받아 왔다. 그 이유는 지도를 보면 쉽게 이해가 될지도 모르겠다.

　3국의 공통점은 발트 해와 접하고 있다는 것이다. 발트 해는 마치 큰 호수처럼 주위가 육지로 둘러싸여 있다. 이 점이 열강들이 발트 3국을 노리는 한 원인이 되었다.

　예를 들면, 민족적인 유대감이 강한 북유럽 제국은 발트 3국을 병합함으로써 북유럽권의 확장을 도모했다. 독일은 폴란드에서 발트 3국까지 영토를 확장할 경우, 발트 3국과 동쪽으로 국경을 같이 하고 있는 적대국 소련에 대한 침략 거점을 마련하게 된다. 반대로 구소련이 발트 3국을 차지하면, 독일에 대한 군사적인 우위를 지킬 수 있게 되는 것이다. 동시에 구소련을 흐르는 강이 발트 해로 흘러들어 가는 것도 하나의 원인이었다. 강으로 침략하는 적을 막을 수도 있고 발트 해를 거점으로 유럽 각국으로 진출하기도 쉬워지기 때문에 발트 3국의 지배에 강한 집착을 보였던 것이다.

리투아니아의 수도 빌뉴스에 있는 '붉은 벽돌의 환상' 성 안나 교회

독일 기사단의 영향을 받아 독일의 분위기가 아직 남아 있는 리가 시내

13세기에 세워진 성 페테로 사원은 라트비아의 수도 리가에서 가장 오래 된 건물이다.

핀란드와 문화·언어가 비슷한 에스토니아의 수도 탈린

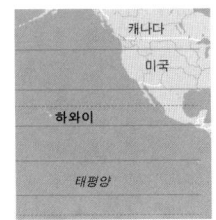

하와이 노래 '알로하오에'에 숨겨진 슬픈 이야기

하와이 노래 중에서 알고 있는 것을 하나 말해 보라고 하면, 가장 먼저 떠오르는 것은 당연히 '알로하오에' 일 것이다.

하와이 하면 푸른 하늘과 바다를 배경으로 원주민 여인이 하와이 노래를 부르는 이미지가 떠오르기 때문에 알로하오에도 당연히 경쾌한 노래일 것이라고 생각하기 쉽다. 그러나 이 노래는 하와이 주민이 자신들의 민족 의식을 지키기 위해 만든 저항 의식이 담긴 노래이며, 사실은 애절한 사연이 담겨 있는 곡이다.

이 곡을 작사 작곡한 것은 하와이 왕족 최후의 여왕이었던 릴리우오칼라니이다. 그녀가 여왕의 자리에 앉을 당시 하와이는 하와이를 통일한 카메하메하 대왕 직계 후손의 대가 끊기고, 전통적이며 평화로운 하와이 사회가 붕괴 위기에 처한 때였다.

폴리네시아계의 주민들의 나라였던 하와이에 쿡 선장이 방문한 이후 백인 문화가 들어오기 시작했다. 백인 문화는 섬 생활을 풍요롭게 해 주었지만, 함께 유입된 콜레라와 결핵 같은 병원균은 면역력이 없는 원주민들을 괴롭혔다.

또한 일본을 포함한 아시아 인들의 이민으로 현지 하와이 인들은 일터를 빼앗기고 있었으며, 미국은 하와이 섬을 자신들의 손아귀에 넣으려고 압력을 가하고 있었다.

이러한 사면초가의 상황에서 지난날 평화로웠던 하와이 전통 문화의 부흥을 바라며 만든 곡이 바로 알로하오에인 것이다. 그러나 이 곡에 담긴 염원에도 불구하고 하와이 왕조는 친미파에 의한 쿠데타로 소멸하였으며, 1959년 하와이는 미국의 정식 주가 되었다.

영세 중립국이 군대를 왜 가지고 있나?

스위스 하면 알프스 산 속에 있는 평화로운 나라의 이미지가 강하게 느껴진다. 이렇게 평화로운 느낌이 드는 것은 다른 나라 전쟁에 관여하는 것을 거부하는 영세 중립국임을 선언하고, 이것이 1815년 빈 회의에서 세계적으로 승인받았기 때문이 아닐까?

그러나 영세 중립국이라고 해서 스위스가 무력 충돌에 전혀 대비하지 않고 있는 것은 아니다. 그 증거로 스위스는 자국 내에 강력한 군대를 보유하고 있다는 점을 들 수 있다. 뿐만이 아니라 19세부터 42세까지의 건강한 남성에게 병역 의무가 부여되고 있다. 병역 의무의 내용은, 15주간의 교육 훈련을 받아 군인이 되는 기초 교육을 이수한 다음, 2년에 한 번씩 훈련에 참가해야 한다는 것이다.

이러한 의무 아래 조직되어 있는 스위스 군은 40만의 병력을 금방 출동시킬 수 있을 정도의 체제를 갖추고 있다. 국방비는 연간 50억 달러로, 이웃 나라 오스트리아 국방비의 2배를 넘는다. 이를 통해 스위스가 얼마나 국방에 힘을 기울이고 있는지 알 수 있다.

스위스가 영세 중립국이라는 의미는 스스로가 먼저 전쟁을 일으키지는 않겠다는 의미이며, 동시에 타국 간의 분쟁에 참여하지 않겠다는 의미이다. 그래서 국제 연합이나 NATO(북대서양 조약 기구)에도 가입하지 않고 있다. 군대는 자국을 침략하려고 하는 자들을 막기 위해서 보유하고 있을 뿐이다.

이올라니 궁전 앞에 서 있는
카메하메하 대왕 상

세계에서 가장 유명한
와이키키 해변이 있는 오아후 섬

하와이 섬 카피올라니 공원에서
열리는 코닥 쇼

스위스의 눈 덮인 알프스 산맥을 달리는 철도

스위스는 산이 많아 적이 쳐들어오기 어렵다.

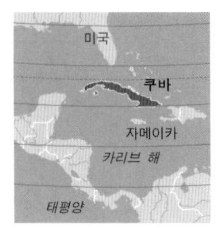

미국과 쿠바는 언제부터 사이가 나빠졌나?

세계 지도를 보면 이웃한 나라 사이에 서로 주의 주장이 달라서 결국은 견원지간이 되어 버린 나라들이 있다. 세계의 대국 미국과 쿠바의 관계가 바로 이런 경우라고 할 수 있다.

두 나라의 관계 악화는 1959년에 카스트로 수상이 혁명 정권을 수립하고 사회주의에 기초를 둔 국가를 건설하기 시작한 때부터이다. 미국은 카스트로 정권이 들어서자 즉각 전면 수출 금지 조치를 취하였는데 이는 자유주의 국가와 사회주의 국가라는 전형적인 대립 구조 때문이었다.

그러나 많은 쿠바 국민들은 혁명 전에 이미 미국과 대립 구도가 형성되어 있었다고 주장한다. 그것은 쿠바가 에스파냐의 통치 아래 있을 때 미국군이 에스파냐에 선전 포고를 하고 쿠바의 독립을 도왔던 일 때문이라고 한다.

미국이 에스파냐를 대신해 쿠바에 대한 패권을 쥐려 했던 것이라고 그들은 생각한다. 그 근거로 19세기 초 당시의 미국 대통령인 토마스 제퍼슨이 쿠바 섬이 미국에 편입되었을 때의 이점을 분명히 선언하였다는 점을 지적한다.

이러한 미국과 쿠바 간의 뿌리 깊은 대립 구조도 최근의 쿠바 경제 파탄으로 변화의 바람이 불고 있는 중이다. 쿠바를 탈출해서 미국으로 망명하는 사람들이 빠르게 늘고 있기 때문이다. 카스트로 수상이 미국과의 관계를 어떻게 복원해 나갈 것인지가 큰 관심거리이다.

UN은 왜 '연합국'이 아니라 '국제 연합'인가?

　최근 국제 분쟁의 중재자로서 그 활약이 주목받고 있는 단체가 바로 UN이다. 가맹국이 200여 개국에 달하여 전 세계의 모든 국가가 이 단체에 가입했다고 할 수 있는 유일한 기구이다.
　한국에서는 UN을 '국제 연합'으로 표기하고 있다. 한자 문화권인 3개국 가운데 한국과 일본이 같은 표현을 사용하고 있는 반면, 중국은 '연합국'에 해당하는 한자를 사용하고 있다.
　영어로 국제 연합은 'The United Nations'로 직역을 하면 '연합국'이 되는데도 뉘앙스에서 차이가 있는 '국제 연합'으로 번역되어 사용되고 있는 것이다. 더구나 한자의 종주국인 중국과도 다른 한자어 명칭을 사용하게 된 데에는 무엇인가 속사정이 있었던 듯하다.
　그 배경을 알 수 있는 힌트는 '연합국'이라는 말에 숨어 있다. 연합국이라 함은 바로 제2차 세계 대전에서 주축국인 독일과 이탈리아, 일본에 승리한 전승국의 군사 동맹을 말한다.
　UN은 승전국인 미국의 대통령 루즈벨트에 의해 제안되어, 1945년 루즈벨트 사망 몇 주 후에 열린 샌프란시스코 회의에서 그 명칭을 사용하기로 합의되었다. 일본에서는 자신들을 패망시킨 승전국 그룹의 명칭인 '연합국'을 그대로 쓴다면 국민들이 거부감을 느낄 것으로 예상하여 정치적인 배려로 '국제 연합'이란 명칭을 생각해 낸 것이라 한다.
　한국의 경우는 그럴 만한 사정도 없고 오히려 정치적인 배려를 했다면 '국제 연합'으로 표기하지도 않았을 것이다. 그런 배려를 할 수 없었던 해방 후의 혼란과 궁핍이 느껴지는 듯하다.

빌딩에 커다랗게 그려진 라틴 아메리카의 혁명가 체게바라

중세 때부터 구미 열강들이 눈독을 들여 왔던 쿠바의 항구 하바나

벨기에의 언어 분쟁은 그 뿌리가 깊다!!

벨기에 하면 우리에게 그다지 알려지지 않은 나라로, 다만 수도 브뤼셀에 있는 오줌 누는 소년 동상과 수입 맥주 정도가 머릿속에 떠오른다. 그런 벨기에가 오랫동안 끌어안고 고민하고 있는 문제가 있는데, 모국어를 둘러싼 언어 분쟁이 바로 그것이다.

벨기에는 게르만계의 플라망 인, 켈트계의 왈론 인, 그리고 소수파이긴 하지만 독일인이 있다. 플라망 인은 플라망 어, 왈론 인은 프랑스 어, 독일인은 독일어를 사용하기 때문에 이 나라 안에는 3가지의 공용어가 존재한다. 그것이 민족 간의 대립 구조를 낳고 만 것이다.

그래서 1963년 제정된 언어법은 지역에 따라 행정, 사법, 학교 교육에 사용되는 언어를 엄격히 구별하도록 규정하였다. 이 법에 의하면, 수도인 브뤼셀을 포함한 수도권 지역은 플라망 어와 프랑스 어를 공용어로 정하고 있다.

또, 법률을 비롯하여 국가의 모든 공문서는 플라망 어와 프랑스 어로 작성된다. 이전에는 세계적으로 인지도가 높은 프랑스 어가 더 우위에 있었기 때문에 부르주아 계층의 사람들은 프랑스 어를 사용했다. 이에 비해 플라망 어를 사용하는 사람들은 하층 계급이라고 하는 사회적인 차별 문제가 발생하였기 때문에, 이런 차별을 방지하기 위해서 언어법이 제정되었던 것이다.

그러나 제2차 세계 대전 이후 플랑드르 지역이 경제적으로 약진하고, 이에 따라 플라망 어의 지위가 상승하게 됐다. 그러자, 이제는 왈론 인 쪽에서 프랑스 어의 우위성이 없어진 것에 역차별 의식이 생기게 되었고, 이것이 새로운 분쟁의 씨앗이 되어 버린 것이다.

이탈리아가 5개의 나라로 나뉘는 날이 올지도 모른다?

　유럽의 남부, 지중해를 향하여 장화 모양으로 돌출한 나라가 이탈리아이다. 특이한 모양 때문에 지도를 보면 금방 찾을 수 있는 나라인데 최근에는 요리에서 패션까지 수입되어 친숙해진 나라이기도 하다.

　이처럼 우리가 잘 알고 있는 이 나라는 커다란 변화의 가능성을 안고 있다. 그것은 바로 이탈리아를 5개로 분리 독립시키려는 운동이 이탈리아 국내에서 일어났기 때문이다.

　5분할이라 함은 밀라노를 중심으로 하는 북부, 현재 수도인 로마와 피렌체를 포함한 중부, 나폴리가 있는 남부, 그리고 시칠리아 섬과 샤르데냐 섬 등 5개가 그것이다.

　이러한 주장을 처음 내놓은 것은 북부의 이탈리아 인들이다. 공업 지대가 있어 경제적으로 풍족한 그들은 경제적으로 가난한 남부 지역을 국가의 세금으로 먹여 살리는 것이 부당하다면서 소리 높여 독립을 외친 것이 독립 운동 시작의 계기가 되었다.

　그들은 '북부 동맹'을 결성해 의회에도 118개의 의석을 차지할 만큼 잘 나가기도 했지만, 1994년 총선거에서 패배하였다. 그 결과 그들은 현재 로마 이북의 중부와 북부 11개 주를 묶어 '파다냐 공화국'으로 독립하려고 획책하고 있다. 아직 승인되지 않았지만 이미 독립 선언도 했고, 매월 국회를 열어 각종 법안을 논의하기도 한다. 하지만 이탈리아 정부에 항전하지 않겠다는 소극적인 자세를 취하고 있기 때문에 대다수의 이탈리아 국민들은 '잠꼬대 하는 것이거나 농담하는 것이 아닌가?'라며 크게 신경 쓰지 않는다고 한다.

이오니아 해에 떠 있는 시칠리아 섬에는 활화산인 에트나 화산이 있다.

시칠리아는 다양한 지중해 문화의 요충지이다.

같은 민족이면서도
몇 번이나 '이혼'을 반복하는
체코와 슬로바키아

　1993년까지 체코슬로바키아였던 체코와 슬로바키아는 두 공화국으로 분리 독립한 이후 다른 곳에서 찾아볼 수 없는 미묘한 관계를 지속해 왔다. 이것은 두 나라가 합병과 분열을 반복하여 온 경위로부터도 알 수 있다.

　약 1,100년 전까지 시대를 거슬러 올라간다. 9세기 초에는 대모라비아 제국으로서 두 나라는 하나였다. 같은 슬라브 민족이었기 때문에 하나의 나라가 된 것이 이상할 것은 없다.

　그런데 10세기 초에 헝가리의 침략을 받아 이 나라는 둘로 분열되었다. 그러나 1,000년 후에는 통일 국가 체코슬로바키아를 수립하여 다시 합쳐지게 된다. 구소련의 개입으로 공산 국가로서 출범했지만, 구소련의 해체와 함께 새로운 출발을 하려던 참에 정치적, 경제적으로 차별감을 느끼고 있던 슬로바키아 측이 분리 독립 운동을 시작하였다. 그리고 비극적인 유혈 사태를 피하기 위해 '비로드 이혼'을 성립시킨 것이다.

　같은 민족이면서도 왜 양국 간에 경제적 격차가 생기게 된 것일까? 체코 지방에는 보헤미안 글라스와 같은 전통적인 산업이 발달하여 경제 체제가 바뀐 후에도 순조롭게 경제적 성공을 할 수 있었던 반면, 사회주의 구조를 지탱하는 군수 산업 중심의 슬로바키아는 민주화에 따른 기업의 민영화가 순조롭게 이루어지지 않았기 때문에 실업자가 속출하는 사태가 벌어지고 말았던 것이다.

　그런데 경제 성장률이 저조한 슬로바키아 인들 사이에 체코와 통일 국가였던 때를 그리워하는 소리가 나오기 시작한다고 하니, 다시 하나로 통일될 날이 오지 않는다고 누가 장담하겠는가?

탄자니아와 케냐의 국경선도 바꾼 '여왕의 한 마디'

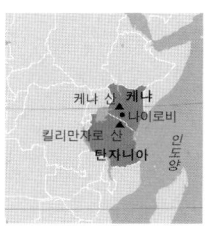

아프리카의 지도를 보면 국경선이 이상할 만큼 직선이 많다는 것을 알 수 있다. 이것은 아프리카 제국이 과거에 유럽 열강의 식민지로서 통치를 받았던 시대의 흔적이라고 해석하면 쉽게 납득할 수 있을 것이다.

당시 앞다투어 아프리카 대륙을 식민지화했던 각 나라는 기능적으로 영토를 분할하였는데, 이것이 직선적인 국경선이 탄생하게 된 원인이다. 그 결과 관계가 없는 부족이 한 나라에서 같이 생활하게 되었고, 반대로 같은 부족이면서 국경선으로 분단되는 사태가 발생하여 불만이 터져 나왔다.

이것이 후에 분리 독립 운동의 불씨가 되는 하나의 원인이 되었다. 탄자니아와 케냐의 국경선도 마찬가지 방법으로 그어져 있으나 지도를 자세히 보면 한 곳에서만 국경선이 구부러져 있는 것을 알 수 있다. 이런 국경이 생긴 데에는 숨겨진 에피소드가 있다.

19세기 후반, 탄자니아는 독일, 케냐는 영국에 의해 각각 통치되고 있었다. 1889년 당시 독일 황제인 빌헬름 2세는 빅토리아 여왕에게 한 가지 간청을 하게 된다. 독일이 통치하는 영토 내에는 영토를 상징할 만한 높은 산이 하나도 없는데, 영국의 영토에는 킬리만자로 산과 케냐 산이 있었던 것이다. 그래서 국경 가까이 있는 킬리만자로 부근을 독일의 영토로 삼게 해 달라는 부탁을 하게 된 것이다.

독일 왕의 할머니이기도 했던 빅토리아 여왕은 이 청을 흔쾌히 수락했고, 그녀의 말 한 마디에 아프리카의 최고봉인 킬리만자로 산은 이후 독일로 넘어가게 되었다. 이 때 정해진 경계선이 탄자니아와 케냐의 독립 때에도 계승되어 구부러진 경계선이 공식적인 국경으로 승인된 것이다.

열강의 말 한 마디에 소유권이 바뀐 킬리만자로 산

칼럼 *세계 지도의 뒷모습 5*

학교에서 가르쳐 주지 않는 각국의 사정

카스피 해는 바다인가 호수인가?

러시아, 이란, 카자흐스탄, 투르크메니스탄, 아제르바이잔으로 둘러싸인 카스피 해. 이 곳이 바다인가 아니면 호수인가를 둘러싸고 소리 없는 전쟁이 전개되고 있다. 그 이유는 카스피 해가 바다인지 호수인지에 따라 그 밑에 매장된 석유를 소유할 수 있는 양이 달라지기 때문이다. 국제법에서 바다라면 연안국이 일정 거리 안에서 석유를 채굴할 수 있지만, 호수의 경우에는 공동 관리가 되어 버리기 때문이다.

그래서 연안에 석유 매장량이 많을 것이라고 예상되는 카자흐스탄, 투르크메니스탄, 아제르바이잔 3국은 카스피 해를 바다라고 주장하고 러시아, 이란은 호수라고 주장하고 있는 것이다.

또, 바다인 경우는 각국의 영해를 함부로 침범할 수 없지만, 호수라면 이러한 제한이 없다는 점도 해군을 증강시킨 러시아 등이 호수라고 주장하는 이유이다.

홍콩에서는 건물을 짓기 전에 풍수를 본다!!

여러분들은 방의 인테리어를 고칠 때, 풍수를 고려해서 커튼의 색이나 텔레비전의 위치 등을 정한 적은 없는지?

일본에서 풍수라고 하면 앞서 열거한 정도이지만, 중국이나 홍콩에서는 옛날부터 방향을 정하는 데에도 풍수가 이용되었다.

심지어 홍콩에서는 건물을 신축할 때나 집을 살 때, 풍수가 중요한 역할을 한다는 것이다.

예를 들면, 영국계 자본의 홍콩상하이은행은 빌딩을 재건축할 때 입구에 있는 사자상을 옮기지 않으면 안 되었다. 이 때 풍수를 고려하여 사자상을 옮기는 시간과 위치, 방향 등을 정했다고 한다.

또한 건물의 디자인도 풍수에서 최고로 치는 용을 본뜬 것이었다고 한다.

이웃 나라에 세금을 내는 나라

프랑스와 에스파냐 사이에 안도라 공화국이라는 나라가 있다. 안도라 공화국은 인구가 약 7만 명이고 면적은 450km² 정도이다.

8세기 말 북아프리카에서 유럽으로 쳐들어오려고 했던 이슬람 세력을 제압하기 위해 기독교도와 프랑크 왕국(지금의 프랑스)이 이 곳에 대성당을 세운 때부터 이 나라의 역사는 시작된다.

이슬람 세력을 물리친 것은 에스파냐의 우르베르 시와 프랑스였다. 이들은 이 곳 주민들에게 정치적 자치권을 주는 대신 양국에 세금을 내도록 결정하였다. 안도라 공국은 지금도 홀수해에는 프랑스에, 짝수해에는 에스파냐에 세금을 내고 있다.

이 나라는 현재 부가 가치세가 없기 때문에 쇼핑과 스키를 즐기려는 관광객들로 매우 붐비고 있다.

가까스로 쇄국을 푼 나라

일본이 에도 시대부터의 쇄국을 푼 것은 1854년의 일이다. 그런데 인도 북부의 나라 부탄은 20세기 후반 인도의 보호령이 된 다음에야 쇄국을 포기했다고 한다. 이 나라의 존재는 1971년 국제 연합에 가입할 때까지 베일에 싸여 있었다.

부탄은 인구가 80만 명이 채 안 되고 면적은 4만 6,500km² 정도의 작은 나라이다. 지금은 매년 4,000명 정도의 관광객이 방문할 수 있게 되었지만, 단체 여행만 가능하고 체류 기간도 10일 이내로 제한되는 등 과거 부탄에 입국하고자 할 때에 거쳐야 했던 엄격한 심사가 이 나라가 베일에 싸여 있게 된 큰 원인 중의 하나이다.

1988년 전통과 자연을 중요시한 국왕이 세계 최초로 흡연을 금하는 금연국을 선포하는 등 부탄은 여전히 물질 문명과는 거리를 두고 있다.

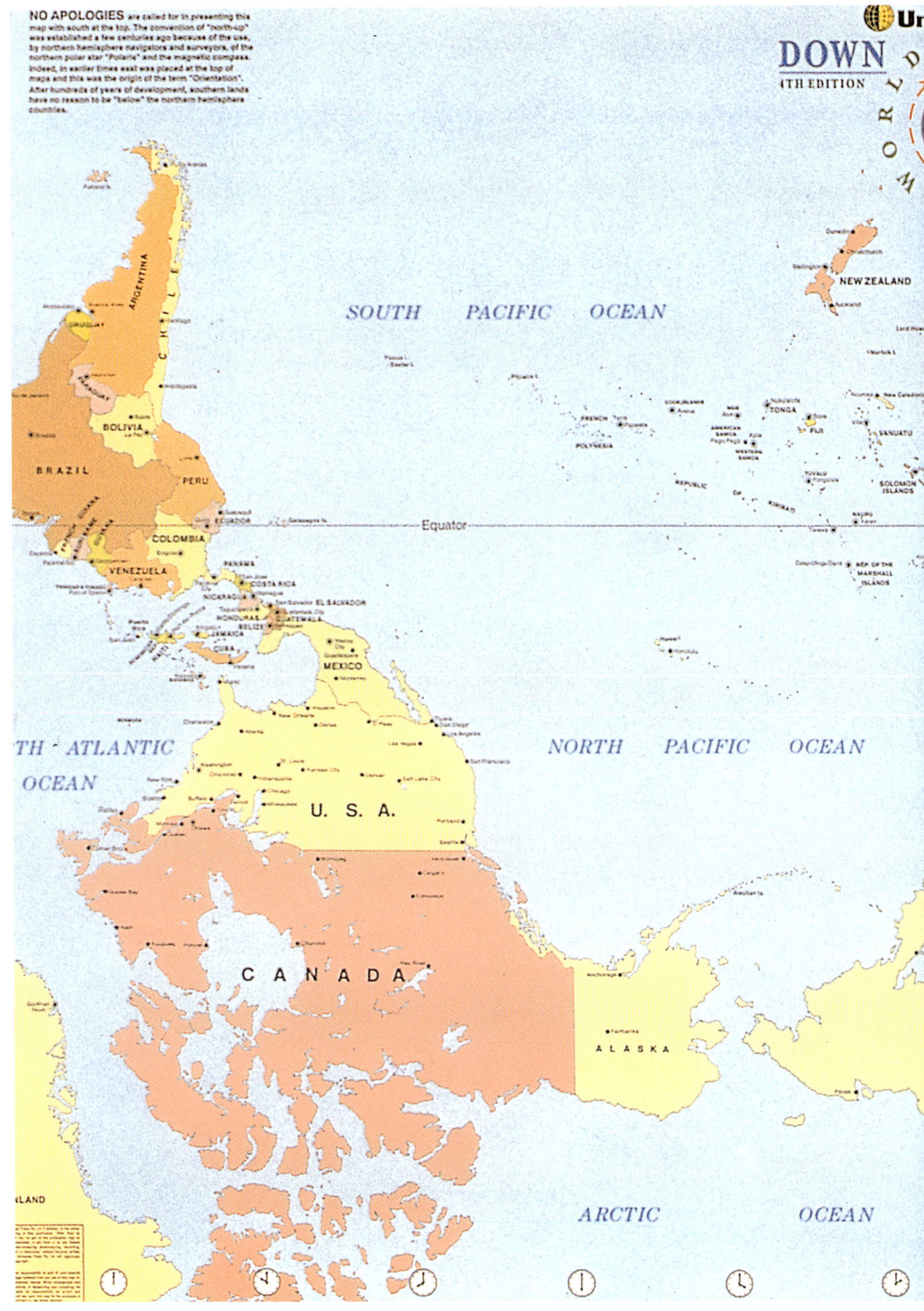

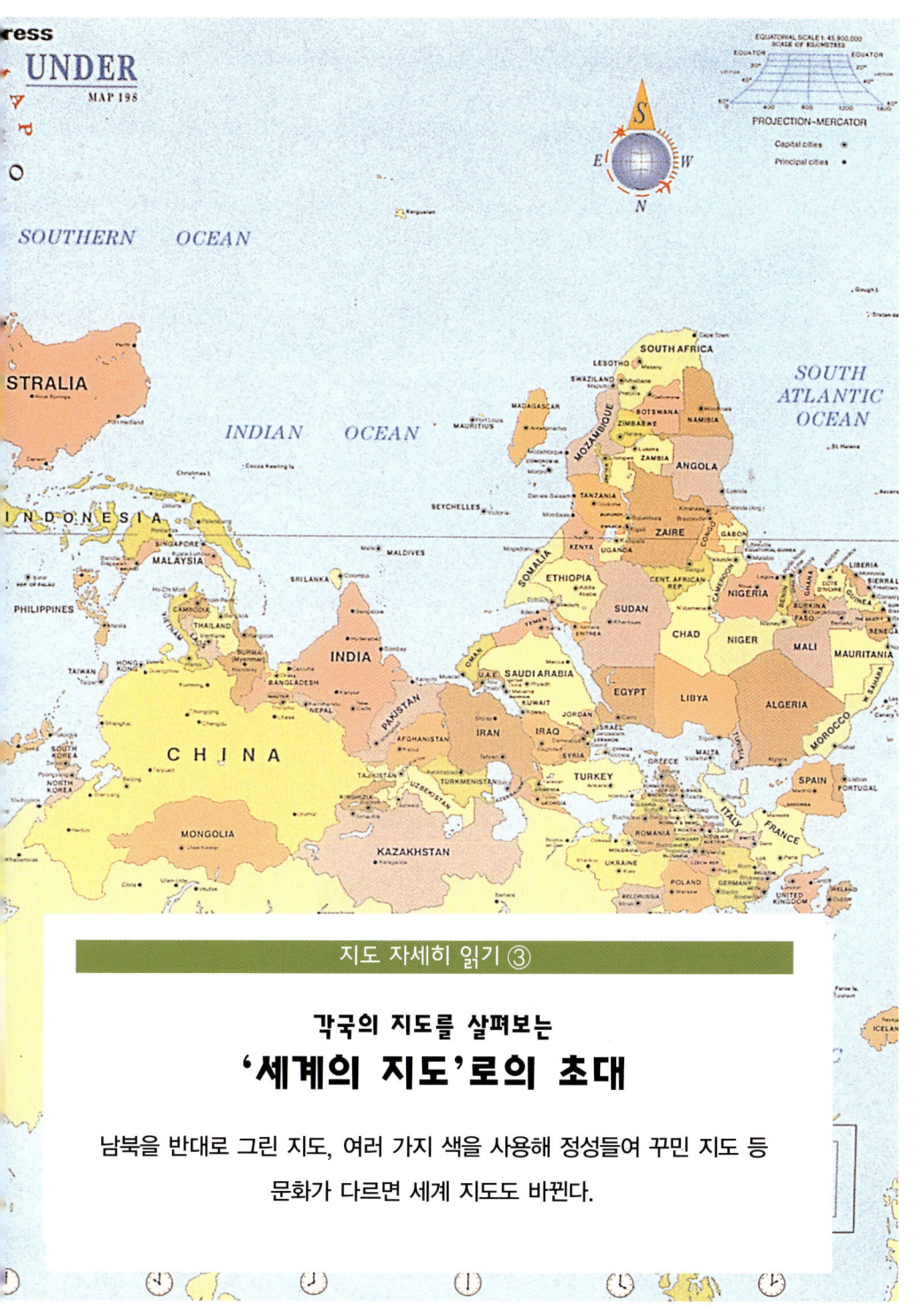

지도 자세히 읽기 ③

각국의 지도를 살펴보는
'세계의 지도'로의 초대

남북을 반대로 그린 지도, 여러 가지 색을 사용해 정성들여 꾸민 지도 등
문화가 다르면 세계 지도도 바뀐다.

지도에 얽힌 재미있는 에피소드
세계 각국 지도의 수수께끼

지도에 공통으로 적용되는 법칙은?

일반적으로 볼 수 있는 지도는 가운데에 한국이 있고 왼쪽에 유라시아, 아프리카 대륙, 오른쪽에 남·북 아메리카 대륙이 펼쳐져 있다. 그러나 외국의 지도는 우리 나라에서 보는 것과 배치가 다른 것이 많다. 왜냐하면 그 나라들도 자국을 중심에 두고 지도를 만들기 때문이다.

미국의 지도는 당연히 중심에 남·북아메리카 대륙을 두고 유라시아 대륙을 2개로 나누어 놓았기 때문에 한국의 지도에 익숙한 사람은 보기 어렵다.

스웨덴 지도는 자기 나라가 속한 북반구와 북극권의 면적이 넓게 그려져 있다.

영국의 지도는 그리니치 천문대가 있는 나라인 만큼 지도 위에 각각의 시각이 표시되어 있다.

오스트레일리아 지도는 위아래가 반대다!?

세계 지도에서 항상 아래쪽 한가운데에 위치하는 오스트레일리아. 다른 나라의 지도를 봐도 대체로 오스트레일리아는 지도의 아래쪽에 있다.

이런 위치에 불만이 있었는지 모르겠지만 오스트레일리아에서는 북반구를 아래에 그리고, 남반구를 위에 그린 위아래가 거꾸로 된 지도가 팔리고 있다.

세계적으로 국제화되어 가고 있는 오늘날 오스트레일리아가 세계의 끝이 아님을 강조하기 위해 생각해 낸 것이다. 그러나 실용성과는 거리가 멀다고 할 수 있다.

실제로 오스트레일리아 국내에서도 북반구가 위에 그려진 세계 지도가 많이 쓰인다고 한다.

이슬람 문화의 이상한 세계 지도

철학, 의학, 천문학 등이 발달했던 중세의 이슬람 문화. 물론 지리학도 발달해 10세기에 이미 지도가 있었다고 한다.
이 이슬람 문화의 지도는 남쪽이 위에 그려진 진귀한 것으로, 전체적으로 원과 곡선 그리고 직선만이 쓰였으며 위도와 경도는 표시되지 않은 이상한 지도라고 한다.

세상에서 가장 아름다운 지도를 만드는 나라

세상에서 가장 아름다운 지도라고 하면 스위스 지도를 말한다.
스위스에서는 옛날부터 자연 경관을 살린 지도 제작을 연구해 왔다. 예를 들어 1 : 50,000 지도에는 9가지 색을 사용하고, 지형 기복은 색의 농담 기법으로 표현하였다. 또 등고선을 흙, 돌, 얼음의 3색으로 구분하고, 각각의 색을 한치의 오차도 없이 정교하게 인쇄하였다.

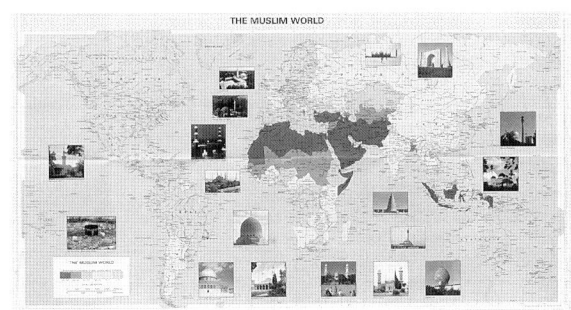

이슬람 교를 믿는 레바논의 세계 지도.
이슬람 교의 모스크가 있는 곳이 표시되어 있다.

축척이 기재되어 있지 않아
면적을 정확히 알 수 없다. 하지만
색과 디자인이 뛰어나서
인테리어용으로 쓰면 좋다.

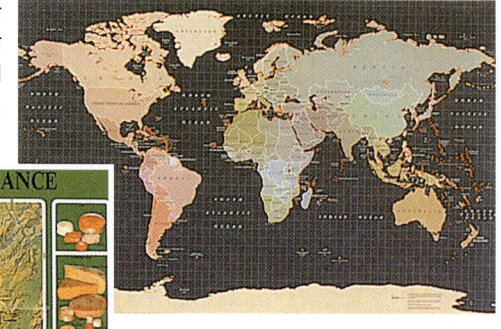

프랑스 지도로서
특이한 점은 치즈의 명산지를
표시하고 있다는 것이다.

면적의 오차가 최소인
세계 지도를 그린다면
이런 모양이 될 것이다!?
조각을 한번 맞추어 보고 싶다.

이 지도를 보면
하나의 유럽이라 하여도
거기에는 다양한 국가가
존재함을 알 수 있다.

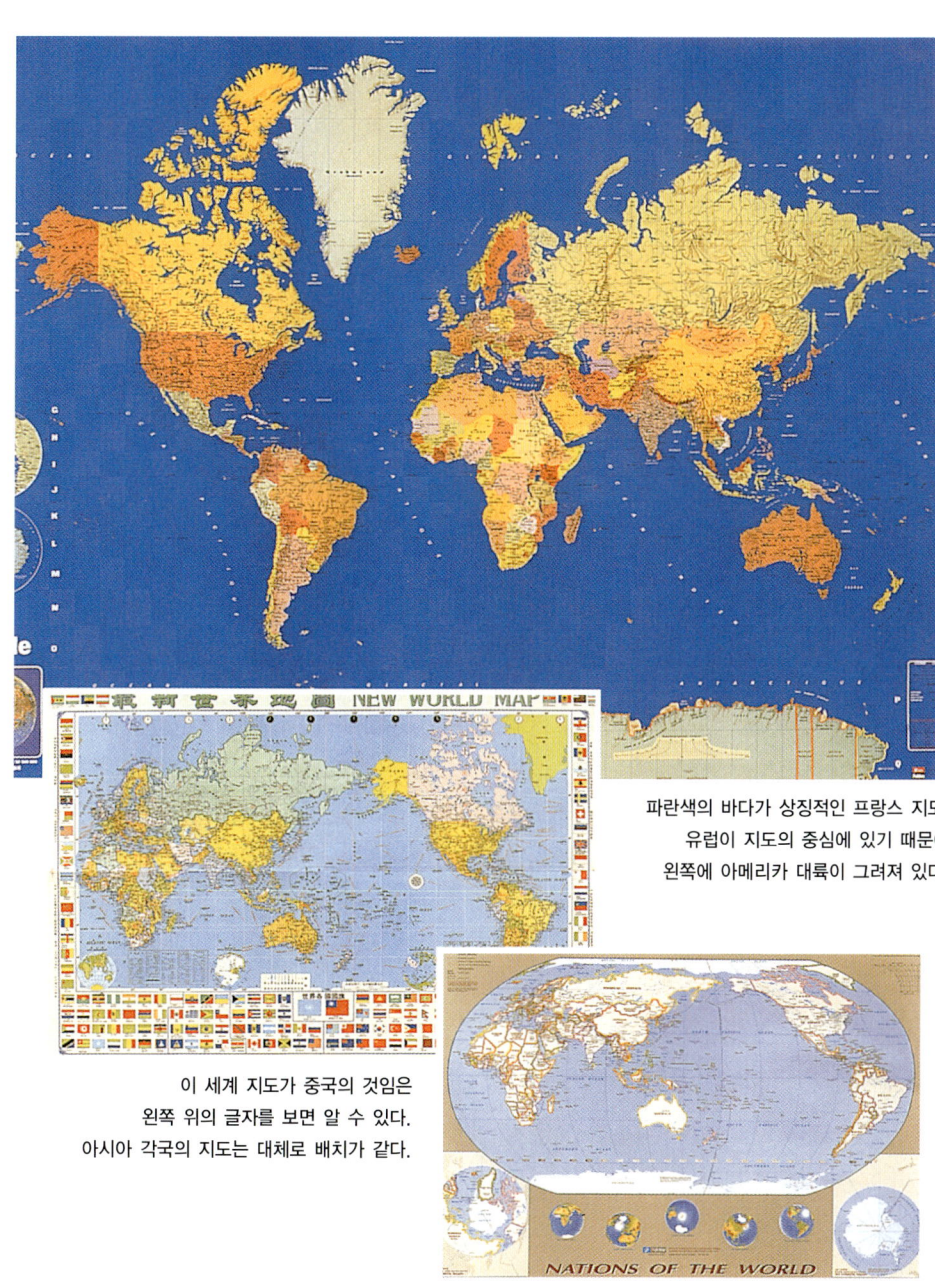

파란색의 바다가 상징적인 프랑스 지도.
유럽이 지도의 중심에 있기 때문에
왼쪽에 아메리카 대륙이 그려져 있다.

이 세계 지도가 중국의 것임은
왼쪽 위의 글자를 보면 알 수 있다.
아시아 각국의 지도는 대체로 배치가 같다.

뉴질랜드 지도답게 남반구의 면적이 크게 그려져 있다.
보통의 지도에서는 콩알만하게 표현되는 섬들도
자세히 나타나 있다.

[지은이]
오기노 요이치(荻野 洋一)
1943년 홋카이도에서 태어나 쥬오(中央) 대학 법학부를 졸업하였다. 지금까지 200개국 이상의 나라를 방문한 엄청난 여행의 달인이다. 민족, 사회, 풍습 등 장르를 불문하고 각국의 다양한 실상을 상세히 관찰하여 놀랄 만한 의외의 사실들을 미디어를 통해 계속해서 소개하고 있다. 저서로는 '세계의 상식·비상식', '해외 여행 이것만 알면 된다' 등 다수가 있다.

[옮긴이]
김경화
1971년 대전에서 태어나 충남대학교 예술대학을 졸업하였다. 일본어 강사로 활동하였으며 번역서로는 '요정과 전설의 섬 브리튼으로의 여행' (푸른길)이 있다.

[감수자]
송호열
1999년 서울대학교에서 교육학(지리교육) 박사학위를 받았다. 서원대학교 사범대학 지리교육과 부교수 및 총장을 역임하였으며, 현재 전국지리올림피아드 특별위원장, 한국사진지리학회장을 맡고 있다.